AF625596

Christina Clemm

GEGEN FRAUEN HASS

Hanser Berlin

7. Auflage 2025

ISBN 978-3-446-27731-1
© 2023 Hanser Berlin in der
Carl Hanser Verlag GmbH & Co. KG, München
Vilshofener Straße 10 | 81679 München | info@hanser.de
Wir behalten uns auch eine Nutzung des Werks für Zwecke des
Text und Data Mining nach § 44b UrhG ausdrücklich vor.
Umschlaggestaltung: Anzinger und Rasp, München
Satz: Greiner & Reichel, Köln
Druck und Bindung: GGP Media GmbH, Pößneck
Printed in Germany

FSC
www.fsc.org
MIX
Papier | Fördert
gute Waldnutzung
FSC® C014496

»Ich sage euch, was Freiheit für mich bedeutet:
Ohne Angst zu leben.«

NINA SIMONE

All jenen, die sich täglich dem Hass entgegenstellen.
Zu Hause, auf der Straße, im Verborgenen oder
im Rampenlicht.

Unter der Bezeichnung »Frauen« verstehe ich Frauen nicht im zweigeschlechtlichen Sinn, sondern alle weiblich gelesenen Personen. Ich schließe cis Frauen, trans Frauen, inter und sich selbst als non-binär verstehende Personen ein. Unter der Bezeichnung »Männer« verstehe ich cis Männer. Trans Männer haben in ihrem Leben meist einschlägige Erfahrungen mit patriarchalem Hass gemacht.

Die in diesem Text enthaltenen Zitate stammen aus meiner aktivistischen und beruflichen Praxis. Um meine Schweigepflicht zu wahren und die Identität meiner Mandant*innen zu schützen, sind sie biografisch und namentlich so verändert, dass sie nicht wiederzuerkennen sind.

Hilfetelefon *Gewalt gegen Frauen*: 116 016

INHALT

KEIN ORT, NIRGENDS

Würden wir am Ende eines Jahres eine Schweigeminute für jede in Deutschland von ihrem (Ex-)Partner ermordete Frau halten, schwiegen wir über zwei Stunden. Gedächten wir aller Frauen, die einen Tötungsversuch überlebt haben, wären es sechs Stunden. Und würden wir für jede frauenverachtende Tat, jede erlittene Körperverletzung, Bedrohung, Beleidigung, Herabwürdigung, sexuelle Nötigung und Belästigung den Mund halten, könnten wir das Reden langfristig einstellen. Aber Schweigen hilft nicht.

Ich bin seit mehr als fünfundzwanzig Jahren Rechtsanwältin in Berlin. Seitdem vertrete ich Verletzte von sexualisierter, geschlechtsbezogener und rassistisch motivierter Gewalt. Ich vertrete Angehörige von Tötungsdelikten und Überlebende von oft massiven körperlichen, psychischen und sexualisierten Angriffen. Ich bin auch Strafverteidigerin. Ich kenne also beide Seiten, und die Einhaltung rechtsstaatlicher Prinzipien wie die Unschuldsvermutung oder den Zweifelsgrundsatz halte ich für unabdingbar. Gewaltbetroffene Menschen vertrete ich, wenn es um strafrechtliche Verurteilungen oder zivilrechtliche Widergutmachungen geht, oder wenn sie in Familiengerichten um Sorgerecht und Umgang für ihre Kinder streiten müssen. Seit Langem beschäftige ich mich mit der Verschränkung verschiedener Gewaltformen.

In diesem Buch soll vor allem der unbändige Hass auf Frauen im Zentrum stehen – wie er wirkt, wen er trifft, welche Formen er annimmt und weshalb nicht ernsthaft etwas gegen ihn getan wird. Ich erlebe diesen Hass alltäglich in meinen Verfahren, höre von meinen Mandant*innen, was sie erleben mussten, lese, sehe und beobachte die misogynen Strukturen in unserer Gesellschaft. Unser Rechtssystem ist nicht in der Lage, das Problem zu lösen, die Politik ist unwillig. Und der Hass selbst so allgegenwärtig und alltäglich, dass sogar die unermüdlichsten Feminist*innen ihn allein nicht werden abschaffen können. Die Bekämpfung von Frauenhass ist eine gesamtgesellschaftliche Aufgabe, die wir alle gemeinsam anstreben müssen, wenn sie erfolgreich sein soll.

Ich kann nicht mehr zählen, mit wie vielen Betroffenen geschlechtsbezogener Gewalt ich gesprochen habe. Aber ich kann versichern, dass jede einzelne Person sehr individuell mit den Ereignissen umgegangen ist und es kein Schema gibt, wie sich Betroffene verhalten. Opfer geschlechtsbezogener Gewalt berichten von Scham, Ekel, Schmerz, Verzweiflung, Selbsthass, Verunsicherung, Kraftlosigkeit, Trauer, Verwirrung, Angst und Panik. Auch von Wut. Wut darüber, dass sie niemand schützt, sie in die Opferrolle gezwängt wurden, dass ihr Leid nicht anerkannt wird. Wut über die Ungerechtigkeit, dass sich nichts ändert. Ich bin voller Respekt für meine Mandant*innen, die ich auf ihrem Weg ein Stück weit begleiten darf. Ich empfinde Hochachtung vor der Tatsache, dass sie überlebt haben, dass sie trotz allem, was sie erlebt haben, weiterhin den Mut haben, neue Lösungen zu suchen. Viele finden in ein glückliches, lustvolles Leben zurück und haben die oft jahrelangen Diskreditierungen und Bedrohungen überwunden. Sie alle sind und waren unmittelbar von Frauenhass betroffen.

Aber gibt es *Frauenhass* überhaupt? Und wenn ja, sind wir nicht ohnehin alle dagegen, mit Ausnahme der echten Mörder, Serienvergewaltiger und hypermaskulinen Machos, die verurteilt und weggesperrt gehören? Sind das nicht nur ein paar wenige, oft Fremde oder Ewiggestrige, die noch nicht verstanden haben, dass Gleichberechtigung selbstverständlich ist? Und ist ihr Beweggrund wirklich Hass, oder schlagen die Täter nicht vielmehr aus Verzweiflung, Überforderung, Abhängigkeiten oder Minderwertigkeitskomplexen zu, vergewaltigen aus sexuellem Trieb und töten aus Liebe? Wenn ich Frauenhass sage, dann meine ich nicht eine Emotion, die einen plötzlich und unerwartet überkommt, sondern eine emotionale Gewohnheit oder Geisteshaltung, die auf frauenfeindlichen Ressentiments gründet. Die Ressentiments sind systemisch und systematisch, der Hass ist strukturell, zielgerichtet und dem patriarchalen System nicht nur innewohnend, sondern für dieses stabilisierend. Man kann auch von patriarchalem Hass sprechen. Er kommt nicht aus dem Nichts: Frauenverachtung wird anerzogen, schon früh erprobt, sie wächst mit steten, immer wieder verbreiteten Annahmen und Taten und führt letztlich dazu, dass selbst vernichtende Handlungen legitimiert oder jedenfalls hingenommen werden. Er ist eingebettet in eine zutiefst sexistische Grundstimmung. »Der Hass hat immer einen spezifischen Kontext, in dem er sich erklärt und aus dem er entsteht«, schreibt die Autorin und Philosophin Carolin Emcke.[1] Frauenhass ist so weit verbreitet und alltäglich, dass er kaum mehr wahrgenommen wird. Oft potenziert er sich in Kombination mit anderen Formen der Diskriminierung wie Rassimus, Ableismus, Klassimus, LSBTI*-Feindlichkeit und Antisemitismus. Es ist wichtig, die Gemeinsamkeiten der Unterdrückung anzuerkennen, denn gerade dort, wo bereits Vulnerabilität besteht, wirkt der Frauenhass besonders verheerend. Die Dichterin und Aktivistin Audre Lorde warnt in *Sister Outsider*: »Es stimmt, die Unterdrückung der Frau geschieht über alle Grenzen von Ethnie oder Race hinweg, was aber noch lange nicht heißt, dass sie blind wäre für Unterschiedlichkeit. Das Reservoir unserer ursprünglichen Macht kennt ebenfalls keine Grenzen, doch sich mit dem einen zu beschäftigen und das andere zu verschweigen, verdreht unsere Gemeinsamkeiten ebenso wie unsere Unterschiedlichkeit. Denn dann wartet jenseits der Sisterhood wieder nur der Rassismus.«[2]

Frauenhass betrifft alle Frauen – einige mehr als andere, aber unberührt bleibt keine. Ich will dazu beitragen, den in unserer Gesellschaft wütenden Frauenhass zu bekämpfen. Dafür ist es unumgänglich, genau hinzusehen, immer wieder, um zu verstehen, dass er kein individuelles Problem einzelner Verwirrter ist, sondern strukturell angelegt und gefördert wird. Wir weiblich gelesenen Personen müssen uns mit diesem Hass auseinandersetzen, wir müssen uns schützen und Sorge tragen, unversehrt zu bleiben. Dabei hätten wir wirklich Besseres zu tun.

Wenn ich mir eine Frau vorstelle, die, wie so viele Männer es in warmen Sommernächten tun, allein durch leere Straßen schlendert, in Shorts und mit nacktem Oberkörper, das Wegbier in der Hand, dann ist mein erster Gedanke, ob sie wohl unversehrt an ihr Ziel gelangen wird. Nein, das stimmt nicht. Mein erster Gedanke ist, wann und auf welche Weise sie das erste Mal angegriffen werden wird. Bei Männern kommt mir dieser Gedanke nie. Jede*r kennt das, alle Eltern, jede Freund*in oder Kolleg*in hat sich schon um eine Frau gesorgt, hatte dieselben Bilder wie ich im Kopf. »Schreib mir, wenn du gut angekommen bist.« Warum wird Frauen dennoch so sehr misstraut, wenn sie von sexualisierter Gewalt berichten? Warum werden sie gefragt, weshalb sie den gewalttätigen Mann nicht früher verlassen haben, warum sie überhaupt nachts unterwegs waren? Warum gibt es keinen Aufschrei, wenn in der U-Bahn wieder eine Frau rassistisch und sexistisch beleidigt wird? Warum liegt der Fokus auf der Errichtung neuer Frauenschutzhäuser und Hilfsangebote für gewaltbetroffene Frauen statt darauf, endlich wirksame Maßnahmen zu entwickeln, um Täter von ihren Handlungen abzuhalten?

Im Folgenden schreibe ich nicht über die Täterperspektive, nicht über die Lebenswege derjenigen, die töten, schlagen, vergewaltigen. Mich interessiert nicht der verstehende Blick auf ihren individuellen Hass. Ich habe viele fadenscheinige Erklärungen von Tätern gehört, habe den Erläuterungen ihrer angeblichen Verzweiflung, ihren Rechtfertigungen, ihren Versuchen, den Frauen die Schuld zuzuschieben, schon zu viel Aufmerksamkeit geschenkt. Was mich interessiert, ist nicht, warum sie es tun, sondern vielmehr, warum sie es nicht lassen. Und weshalb sie nicht daran gehindert werden.

Selbstverständlich hat sich etwas getan in den letzten zwanzig Jahren. Es gibt neue Gesetze, Anhörungen im Bundestag, ein wenig Presse, Beileids- und Betroffenheitsbekundungen, aber im Kern ändert sich, was geschlechtsbezogene Gewalt anlangt, so gut wie nichts. Das Quälen, das Herabwürdigen, Einschüchtern, Verletzen, Bedrohen, Angstmachen, Vergewaltigen und Morden geht weiter, nimmt sogar zu. Die Statistik beweist das. Mitarbeiter*innen von Beratungsstellen, Anwält*innen, Betroffenenorganisationen, Autor*innen und Journalist*innen mahnen und klären auf, haben in vielen Jahren ihrer Arbeit große Expertise gewonnen und unterbreiten Vorschläge, was wirklich helfen könnte. Sie werden ab und an angehört, ihrem Rat gefolgt wird aber nicht. Die einzigen politischen Maßnahmen, die getroffen werden, sind ein paar neue Strafverschärfungen, kleine Verbesserungen im Prozessrecht hier, Änderungen im materiellen Recht da. Die Justiz weigert sich, das Problem zu verstehen, sich fortzubilden und etwas an den Strukturen zu ändern. Die Politik weigert sich, mehr Geld und Ideen in Prävention, Kampagnen, in Täterarbeit und Unterstützung der Betroffenen, in Kapazitäten zu investieren.

Ich möchte nicht, dass alle bestürzt sind angesichts der neusten Zahlen von geschlechtsbezogener Gewalt. Ich möchte, dass die Zahl der Femizide zurückgeht, bis es keine ermordeten und misshandelten Frauen, keine sexualisierte Gewalt mehr gibt. Ich möchte nicht mehr mit den vielen anderen anprangern müssen, dass es zu wenig Frauenberatungsstellen und Frauenhäuser gibt, ich möchte, dass diese grundsätzlich obsolet geworden sind, da die Täter mit ihrer Gewalt aufgehört haben. Damit das geschieht, muss man gewillt sein, das Problem zu identifizieren und sich ihm entschieden entgegenzustellen. Man muss solidarisch mit den Opfern und unsolidarisch mit den Tätern werden, Täterstrategien verstehen und bekämpfen und offenlegen, welche Strukturen die Gewalt bedingen oder fördern. Vor allem muss endlich das Bild von Männlichkeit revidiert werden. Denn in der Engstirnigkeit einer auf ein binäres Geschlechterverhältnis reduzierten patriarchalen Gesellschaft hat der Mann über der Frau zu stehen – eine Ordnung, die verteidigt werden muss, im Notfall bis zum Tod.

Schätzungsweise hat in Deutschland jede dritte Frau körperliche und/oder sexualisierte Gewalt in einer Partnerschaft erlebt. Circa 50 Prozent aller trans Personen haben im öffentlichen Raum Gewalt, meist sexualisierter Art, erlitten. Alle drei Minuten misshandelt ein (Ex-)Partner seine Frau, jeden Tag versucht ein Mann, seine (Ex-)Partnerin zu töten, an jedem zweiten bis dritten Tag gelingt es einem.[3] Nur die wenigsten Frauen haben nie einen sexualisierten Übergriff erlebt. Das ist alles bekannt, veröffentlicht, immer und immer wieder erzählt. Aber das Wissen darum scheint nichts zu nutzen, bis die Nachbarin tot in ihrer Wohnung gefunden wird, die eigene Tochter vergewaltigt wurde.

Ich halte viele Vorträge vor großem Publikum – fast ausschließlich vor weiblich gelesenen Personen. Männer interessieren sich in der Regel nicht für das Thema Gewalt gegen Frauen. Den wohlwollenden Männern scheint es auszureichen, selbst nicht gewalttätig zu sein. Aber Frauenhass ist am Ende kein

Frauen-, sondern ein Männerthema. Und ein Männerproblem. Warum beschäftigt es die Männer nicht, in so einer gewalttätigen Umgebung zu leben? Warum machen sie es nicht zu ihrem Anliegen, die Gewalt zu beenden? Weil sie von ihr profitieren?

Wer schweigt, stimmt zu.

Der gefährlichste Ort für eine Frau ist immer noch ihr eigenes Zuhause. Gefährlich ist es für sie aber auch, wenn sie feiern geht, wenn sie auf der Arbeit oder nachts allein unterwegs ist. Wenn sie politisch aktiv ist, sozial engagiert, sich mit einem Unbekannten über eine digitale Plattform trifft oder einem alten Bekannten aus der Schulzeit begegnet. Wenn sie sehr jung oder sehr alt ist, mit Beeinträchtigungen lebt oder ohne. Frauen, die auch rassistisch diskriminiert werden, die zusätzlich LSBTI*-Feindlichkeit erleben, besonders gefährlichen Tätigkeiten nachgehen wie Sexarbeit oder Begleitservice, Pflege- oder Putzdienste verrichten, müssen noch mehr darauf gefasst sein, von Männern misshandelt, ausgebeutet, vergewaltigt oder ermordet zu werden. Frauen sind gefährdet, wenn sie reich oder arm, alkoholisiert oder nüchtern sind. Wenn sie Kopftuch tragen, ein kurzes Kleid, eine Hose oder einen Sack. In Frieden und noch mehr in kriegerischen Auseinandersetzungen. Weltweit.

Das Leben von Lisa M., wie es im nächsten Kapitel beschrieben wird, ist frei erfunden. Lisa könnte auch Leyla heißen, Valentina, Olga, Kathy oder Hao. Sie könnte aus Hamburg kommen, aus Beirut, Oslo, Mexico City oder Palermo, in einer Stadt leben oder auf dem Land. Sie muss nicht als Frau geboren sein, aber als Frau gelesen werden. In Anlehnung an die durchschnittlich 135 jährlichen Frauenmorde in Deutschland zeigt ihr Fall exemplarisch die Mechanismen der Gewaltspirale. Denn obwohl sich die Lebensrealitäten betroffener Frauen oft erheblich unterscheiden, folgt patriarchale Gewalt den gleichen Mustern. Dem Femizid gehen zahllose andere Überschreitungen, Verletzungen und Erniedrigungen voraus, die in unserer patriarchalen Gesellschaft weder als alarmierend noch als sträflich bewertet werden. Der Fall von Lisa M. soll Schritt für Schritt veranschaulichen, wie unsere Gesellschaft, aber auch der deutsche Rechtstaat, Frauen im Stich lässt und an welchen Stellen sinnvoll gegen den Hass angekämpft werden kann und muss.

Ich schreibe in diesem Buch über den alltäglichen Frauenhass mit dem Ziel, einen Beitrag für eine andere, eine solidarische und freie Gesellschaft zu leisten. Es reicht mir nicht aus, als Anwältin täglich die Ungerechtigkeiten zu sehen, hin und wieder den Finger in die Wunde zu legen und für die ein oder andere Betroffene ein ordentliches Schmerzensgeld oder ein paar Jahre Sicherheit zu erlangen. In den Gerichtsverfahren hört kaum jemand zu, wenn meine Mandantinnen von dem erlebten Grauen berichten. Es gibt wenig Öffentlichkeit für diese Verfahren. Aber es muss erzählt werden, sonst bleibt es, wie es ist, und so, wie es ist, darf es nicht bleiben.

LISA M. – EIN FALLBEISPIEL

I.

Die Meldung ihres Todes wird einen Tag nach der Tat in einigen lokalen Zeitungen aufgegriffen. Fürs Fernsehen ist die Geschichte nicht spektakulär genug, für die überregionale Presse ebenso wenig. Eine tote Frau, ein schnell gefasster Täter. Eine typische »Beziehungstat«.

Am zweiten Tag folgt eine kleine Reportage, Nachbar*innen, Kolleg*innen und entfernte Familienmitglieder äußern sich darin. Alle sind verwundert, niemand hat vorhergesehen, dass er dieses »Familiendrama« anrichten würde. Man fragt sich, ob es Eifersucht, Verzweiflung oder Rache war, die ihn bewogen hatte. Der dreifache Familienvater wird durchweg als ein freundlicher, sympathischer, vor allem aber ganz normaler Zeitgenosse, als guter Arbeitgeber, als wohlhabend und gesellig beschrieben. Niemand hat ihn je aggressiv erlebt, erst recht nicht seiner Familie gegenüber. Nicht einmal eine Kneipenschlägerei, Auffälligkeiten im Suff, auch nicht in seiner Jugend. Eine seiner Mitarbeiterinnen erzählt zaghaft, man habe gemunkelt, dass es nicht immer einfach in der Ehe gewesen sei. Auch, dass sie überrascht war, dass die Frau so plötzlich mit den Kindern weggegangen sei. Aber sie war eben auch schwierig, psychisch labil, lang nicht so beliebt wie er. Der Pressesprecher der Mordkommission teilt mit, dass man den mutmaßlichen Täter gefasst habe und keinerlei Gefahr für andere Personen bestehe.

Am dritten Tag schon interessiert Lisas Tod, jedenfalls öffentlich, niemanden mehr. Lisas Leben auch nicht.

Die Kinder kommen in eine Pflegestelle, die hektisch gesucht und gefunden wird. Zur Großmutter, die immer ein wichtiger Teil des Lebens der Kinder war und die sich sofort zur Aufnahme bereit erklärt, kommen sie zunächst nicht, in der Eile scheint dem Jugendamt die Konstellation zu schwierig. Immerhin ist sie die Mutter des mutmaßlichen Täters.

Dieser kommt in Untersuchungshaft.

II.

Lisa M. kommt in Berlin zur Welt. Ihre Eltern heiraten, als sie fünfundzwanzig und zweiundzwanzig Jahre alt sind und das erste Kind unterwegs ist. Kein Wunschkind, aber auch kein Unglück. Sie freuen sich auf den Nachwuchs. Auch auf das zweite Baby, Johann, der acht Jahre später geboren wird. Lisa erinnert sich vage daran, wie die Eltern stritten. Ab und an sah sie an der Mutter Hämatome, einmal ein blaues Auge. In der Erinnerung bleibt nur ein dumpfes Gefühl von Verunsicherung, gesprochen haben sie nie darüber.

Lisa ist ein typisches Papa-Kind. Sie mag es, wenn sie allein mit ihm unterwegs ist, wenn er sie stolz als »meine kleine Prinzessin« vorstellt und sie mit beiden Armen in die Luft wirft. Er sagt immer, dass er sie beschützen werde, und das glaubt sie ihm, auch, dass sie einen Beschützer braucht.

Lisa liest viel und gern, spielt Volleyball und hat einige Freund*innen. Monika ist ihre beste Freundin, seit sie die erste Klasse besuchen. Wie die meisten Mädchen erlebt Lisa gelegentlich sexuelle Übergriffe, die sie nicht als solche benennt. Eine fremde Hand am Hintern in der U-Bahn, eine auf ihrer Brust bei der Hilfestellung im Sportunterricht, verrutschte Küsse von Onkeln, Blicke, Bemerkungen, Witze.

Schon als junges Mädchen lernt sie, nachts nicht allein nach Hause zu gehen, den Heimweg gut zu planen. Unvorstellbar, den Park nach Einbruch der Dämmerung zu durchqueren. Am liebsten trägt sie ihren drei Nummern zu großen Hoodie, setzt die Kapuze auf. Selbstverständlich geht sie nicht mit fremden Männern mit. Eine ihrer Schulkameradinnen soll mit vierzehn von einem Jungen aus der Stufe drüber vergewaltigt worden sein. Aber das bleibt ein Gerücht. Die Betroffene verlässt die Schule, der Junge nicht.

Irgendwann wehren sich die Mädchen in Lisas Klasse gegen die sexistischen Sprüche, die Alltag sind, und beschweren sich über den Mathelehrer, der bei der Rückgabe der Arbeiten einen Witz über Blondinen macht. Es sei nicht ernst gemeint gewesen, erklärt die Direktorin, die sich Frau Direktor nennt, kein Grund zur Aufregung. Auf dem Schulweg sieht Lisa einen Mann im Gebüsch stehen, und als er sie ruft, zeigt er auf seinen entblößten Penis. Sie schämt sich zu sehr, um es jemandem zu erzählen. Die Mutter geht mit ihr zur Frauenärztin, damit sie die Pille verschrieben bekommt und nicht ungewollt schwanger wird. Die Mutter sagt ihr auch, sie solle sich vorsehen, wenn sie einen Mann reize, dann könne er sich nicht mehr stoppen. Mach, was du willst, aber sei dir der Gefahr bewusst, rät sie ihr, und Lisa versteht. Als sich ihre beste Freundin Monika outet, ist Lisa erst bestürzt und dann stolz.

Ihren ersten Freund hat Lisa mit sechzehn. Er ist nett, jung und ebenfalls unerfahren. Mit siebzehn trennen sie sich, weil es nicht mehr spannend ist. Es folgen ein paar »Erlebnisse«, nie etwas Ernsthaftes. Zu Hause fühlt sich Lisa nicht besonders wohl, zu reglementierend der Vater, zu still die Mutter. Ihre Kindheit war trotzdem liebevoll, findet Lisa, ihre Jugend schön. Am Tag der letzten Abiturprüfung geht sie fort, reist einige Monate mit Monika durch die Welt und kehrt erst zurück, als ihr

Studium in Jena beginnt. Den Studienort hat sie nicht zuletzt gewählt, um wegzukommen.

Lisa studiert Soziologie und Philosophie, auch wenn es für Medizin gereicht hätte, was ihre Eltern gern gesehen hätten. Erst arbeitet sie in einer Bar, aber die Betrunkenen nerven sie schnell. Der Chef findet, dass sie schon einstecken können muss und sich mal lockermachen soll. Sie ergattert einen Job als studentische Hilfskraft bei ihrem Lieblingsprofessor und genießt das studentische Leben.

III.

In einer Kneipe lernt sie Mirko kennen. Er ist ein paar Jahre älter, hat vor dem Studium des Bauingenieurwesens schon ein paar Jobs gehabt. Sein Vater führt ein großes Bauunternehmen in Brandenburg, ob er dort einsteigen will, weiß er noch nicht.

Sie verlieben sich. Sie gehen gern gemeinsam aus, treffen ihre und seine Freund*innen, verbringen viel Zeit im Bett. Sie haben Spaß miteinander, obwohl sie erstaunlich wenig gemeinsame Interessen haben, vor allem teilen sie den Wunsch nach einer ernsthaften Beziehung. Mirko bewundert Lisas Belesenheit, ihre Schlagfertigkeit, ihren Witz, sie seinen Tatendrang, die Direktheit, seine Lebenslust.

Es dauert lang, bis sie das erste Mal streiten. Harmlos eigentlich, aber Lisa ist erschrocken, als sie ihn so aufbrausend erlebt. Er entschuldigt sich.

IV.

Die meisten ihrer Freund*innen mag Mirko nicht sonderlich, was er ihr zaghaft offenbart. Er langweilt sich zunehmend angesichts der »superintellektuellen« Themen und der Weltfremdheit der Philosoph*innen. Aber er begleitet sie trotzdem zu ihren Verabredungen, denn er mag es nicht, wenn sie ohne ihn ausgeht. Da hat er »eher klassische Vorstellungen«, wie er sagt, und Lisa liebt auch das an ihm. Abends im Bett macht er sich lustig über die Gespräche, und sie lacht mit. Mirko ist eifersüchtig. Das schmeichelt Lisa. Sie selbst kennt das Gefühl nicht und freut sich eher, wenn Mirko allein ausgeht. Das verletzt Mirko.

Erst wird Lisa bei den Treffen mit Freund*innen leiser, dann sagt sie immer öfter ab. Ein paar von ihnen melden sich noch eine Zeit lang bei ihr, laden sie immer wieder ein, irgendwann lassen sie es.

V.

Als Mirko vorschlägt, dass sie ihre Standorte per Handy teilen, für den Notfall, ist Lisa kurz irritiert, dann aber gerührt wegen seiner Fürsorge. Er ist technisch viel versierter als sie, hilft ihr beim Einrichten ihres neuen Laptops mit den Passwörtern und anderen technischen Details.

VI.

Sie haben zwei befreundete Paare, mit denen sie sich regelmäßig treffen. Die Männer sind Freunde aus Mirkos Schulzeit, die Frauen harmlos, wie Mirko sagt, sie stören ihn nicht. Bei diesen Treffen macht sich Mirko manchmal über Lisa lustig. Dass sie mal eine »richtige Emanze« gewesen sei, aber so ungeschickt bei alltäglichen Dingen, dass man nicht wisse, wie sie eigentlich ohne ihn klar kommen würde. »Schlau, aber praktisch eine Katastrophe, typisch Frau«. Ein anderes Mal scherzt er, dass sie es übertreibe mit der Eigenständigkeit, und dabei tätschelt er ihren Oberschenkel, bis sie ihr Bein wegzieht. Ihr ist es unangenehm, er findet es albern. Lisa ärgert sich darüber, wie er sie vor seinen Freunden bevormundet, und streitet mit ihm.

Nach und nach kommt mehr Kritik hinzu. Wie sie sich anzieht, ihre Haare frisiert, was sie kocht, weshalb sie neben dem Studium arbeitet, wie viel sie liest. Auch ihre Stimme stört ihn, ihre Ausdrucksweise, die Art, zu gehen und zu laut zu lachen. Er würde sich freuen, wenn sie mehr Sport triebe und weniger mit ihm stritte. Lisa denkt über Trennung nach und sucht die Schuld bei sich.

VII.

Als sie ihm erzählt, dass ihr Professor ihr eine Promotion in Aussicht gestellt hat, rastet er das erste Mal richtig aus. Er beschimpft sie, schubst sie durch ihre Wohnung, und als sie stürzt, spuckt er auf sie und geht.

Noch in derselben Nacht stellt er einen riesigen Strauß Rosen vor ihrer Tür ab. Als sie ihn reinlässt, bereut er aufrichtig und ist zutiefst bestürzt über sich selbst.

VIII.

Lisa erzählt Monika von Mirkos »Aussetzern«, sie telefonieren stundenlang. Monika rät ihr dringend, sich zu trennen, und bietet ihr an, erst einmal zu ihr nach Berlin zu kommen. Sie spricht auch über Beratungsstellen, über Gewalt gegen Frauen, aber Lisa weiß das alles schon.

Sie will über Monikas Angebot nachdenken und bespricht sich mit Mirko. Der ist entsetzt über ihre Denunziation, wie er es nennt, und sagt ihr, dass sie ihn auch gleich anzeigen könne. Sie sollten sich trennen, wenn es kein Vertrauen zwischen ihnen gebe.

Monika ist besorgt, als sie in den nächsten Wochen nur ein paar belanglose, beschwichtigende Nachrichten von Lisa erhält und diese ihre Anrufe nicht mehr entgegennimmt.

IX.

Ein paar Monate später stellt Lisa fest, dass sie schwanger ist. Nicht ohne zu zögern, berichtet sie Mirko davon. Sie weiß nicht, ob sie es austragen soll, zweifelt, ob sie überhaupt in der Lage sind, ein Kind großzuziehen. Mirko ist begeistert und steckt sie an mit seiner Sorglosigkeit. Er will sie gleich heiraten, mit ihr zusammenziehen und hebt sie in den Himmel. »Alles wird gut«, sagt er immer wieder, »auch Philosophinnen dürfen sich fortpflanzen!«

Also laden sie die Freund*innen und die beiden Familien zu ihrer Hochzeit ein, die anders, studentisch, improvisiert und vor allem lustig werden soll. Es wird ein schönes Fest.

Als Lisa im sechsten Monat schwanger ist, erleidet Mirkos Vater einen Herzinfarkt und stirbt. Mirko ist zutiefst getroffen. Die Mutter drängt ihn, den väterlichen Betrieb zu übernehmen, jedenfalls vorübergehend, schon aus Verpflichtung gegenüber den Angestellten. Lisas Bedenken werden hintangestellt. Es ist Zeit, Verantwortung zu übernehmen, sagt Mirko. Also ziehen sie in Mirkos Elternhaus nach Brandenburg, Lisa gibt ihren Lehrstuhljob auf, ist finanziell jetzt vollständig abhängig.

Mirko ist häufig gestresst und überfordert, damit erklärt er sein zunehmend aggressives Verhalten Lisa gegenüber. Sie hat Verständnis. Einmal schlägt er sie mit voller Wucht in den Bauch, weil das Essen nicht fertig ist, als er nach Hause kommt. Er fährt sie später, tränenüberströmt und panisch vor Angst, in die Notaufnahme, da sie zu bluten angefangen hat. Dort erzählen sie von einem unglücklichen Sturz auf der Treppe. Stunden später können sie beruhigt heimfahren, dem Kind geht es gut. Diesmal entschuldigt sich Mirko nicht, er gibt ihr die Schuld: »Ein wenig Liebe, Zuneigung und Fürsorge würden mir guttun.«

X.

Als Kolja geboren wird, ist Lisa erschöpft und Mirko der glücklichste Mensch auf der Welt. Kolja ist ein Schreikind, hat im ersten Jahr Neurodermitis und ist eigentlich nur ruhig, wenn er an Lisas Brust hängt. Immer häufiger schläft Mirko bei seiner Mutter, wo er besser zur Ruhe kommt als zu Hause. Das braucht er, um den Betrieb beisammenzuhalten.

Aus den Plänen, während der Elternzeit an ihrer Masterarbeit zu arbeiten, wird nichts. Seit Kolja weniger schreit, unterstützt Lisa Mirko bei der Buchhaltung und anderen Verwaltungsarbeiten. Das hat die Mutter früher auch getan.

WIR WOLLEN UNS LEBEND!

Mirko hat siebenmal mit seinem Messer auf Lisa eingestochen – in ihren Rücken, ihre Seite und ihren Hals. Unmittelbar tödlich war der Stich in den Hals, der die Hauptschlagader verletzte. Lebensbedrohlich waren auch die beiden tiefen Einstiche in die Lunge. Mindestens zwei Stiche konnte Lisa abwehren, das zeigen Schnittverletzungen im rechten Arm und an der linken Hand. Mirko hat weiter auf Lisa eingeprügelt, selbst als sie schon am Boden lag, womöglich schon tot war. Die Gerichtsmedizinerin sagte nach der Obduktion, dass der Täter sehr viel mehr Gewalt angewandt habe, als für die Tötung eines Menschen erforderlich sei.

Überall auf der Welt werden täglich Frauen von ihren Partnern oder Ex-Partnern getötet. Von keiner Person geht ein höheres Risiko für sie aus. Hierzulande erhöht die Eheschließung die Wahrscheinlichkeit, ermordet zu werden, statistisch sind Ehemänner für ihre Ehefrauen besonders gefährlich. Am meisten gefährdet sind Frauen im Alter von dreißig bis fünfzig Jahren. Sie werden erstochen, erwürgt, erschossen, totgeschlagen, mit Säure übergossen, verbrannt. Oft sind die Taten mit großer Vehemenz und Brutalität ausgeführt und weisen mehr Gewalt auf, als für die Tötung »notwendig« wäre. »Übertötung« nennt man dieses Phänomen in der Kriminologie. Häufig haben die Täter ihre späteren Opfer vorher monatelang mit dem Tode bedroht, sie verfolgt und gedemütigt. Viele Betroffene haben Hilfe gesucht, sind in andere Städte gezogen, haben den Kontakt zu ihrer gesamten Vergangenheit abgebrochen, um zu überleben, und wurden doch gefunden. Manche Täter gehen regelrecht auf Jagd. Frauen, die die Attacken überleben, bleiben oft ihr Leben lang traumatisiert, einige sind auch körperlich schwer versehrt. Die Überlebenden verarbeiten die Taten so unterschiedlich, wie Menschen und ihre Geschichten unterschiedlich sind. Es gibt kein Muster, kein Schema. Aber alle werden durch die Taten zutiefst verunsichert, besonders, wenn sie erlebt haben, wie wenig sie geschützt werden konnten, wie sehr sie von Gesellschaft und Politik alleingelassen wurden.

Immer wieder vertrete ich Menschen, deren Wohnungen in ihrer Abwesenheit geplündert wurden, denen das Handy unter Androhung von Gewalt abgenommen wurde oder die im Rahmen einer Demonstration körperlich von Polizeibeamt*innen angegriffen wurden. Obwohl es sich hierbei um singuläre Ereignisse von oft Unbekannten handelt und sie eher zufällig Opfer wurden, leiden auch sie oft nachhaltig unter Ängsten und meiden bestimmte Orte oder Verhaltensweisen. Bei »häuslicher Gewalt« aber kommt eine weitere Dimension hinzu, denn die Gewalt geht von einem Menschen aus, mit dem die Betroffene zusammengelebt, dem sie einmal vertraut, den sie womöglich geliebt hat. Es ist, als würde der Einbrecher einfach in der Wohnung bleiben, der Räuber sich mit ins Ehebett legen, als würde der Polizist seine Ordnungsmacht im Wohnzimmer ausüben. Es gibt keinen Rückzugsraum, keinen sicheren Ort. Manche verzweifeln, andere werden zornig.

Nadia R. ist immer noch wütend. »Ich habe permanent Schmerzen, meine Hand kann ich nicht mehr richtig bewegen. Da hat er die Sehne durchtrennt. Ich habe versucht, mich mit den Händen zu schützen, meinen Kopf zu schützen. Deshalb sind die Hände besonders stark verletzt. Aber er hat auch die Lunge durchstochen. Das kann nicht wehtun, sagt meine Ärztin, aber ich habe das Gefühl, dass ich die Verletzung bei jedem Atemzug spüre. Wenn das Wetter umschlägt, dann spüre ich jede einzelne Narbe. Vierzehnmal hat er zugestochen. Vierzehn Narben habe ich. Aber noch schlimmer als die körperlichen Schmerzen ist meine Angst, sind die Albträume. Und meine Wut. Die zerfrisst mich fast. Irgendwie fühlt sich das besonders schlecht an, aber ich kann sie nicht steuern. Ich bin so wütend darüber, dass er mich einfach so niedergestochen hat. Wie ein Schwein hat er mich abgestochen, wollte mich blutend am Boden verrecken lassen. Dieses Gefühl, wie ich dort lag und wusste, dass ich jetzt sterbe, werde ich nie vergessen. Und die riesige Angst, die mich bis heute in jedem Moment begleitet, werde ich auch nie los. Alle sagen mir, dass er im Gefängnis ist und ich sicher vor ihm sei. Aber wer weiß, vielleicht bricht er aus oder findet sonst irgendeinen Weg, seine Tat zu Ende zu bringen.«

Nadia R. hat einen Angriff ihres Ex-Partners überlebt. Der

Mann, mit dem sie mehrere Jahre zusammengelebt hatte, hat sie mit zahlreichen Messerstichen attackiert, als sie nicht damit rechnete. Es ist nur der schnellen notärztlichen Behandlung zu verdanken, dass sie überlebt hat. Ihre Freundin, die den Anfang des Angriffs miterleben musste und rasch Hilfe holen konnte, ist durch den Vorfall ebenfalls traumatisiert. In der Gerichtsverhandlung berichtete sie, dass kein Tag vergeht, an dem sie nicht an den brutalen Vorgang denken muss: »Ich habe ein Attentat mitangesehen, nein, ich habe ein Attentat überlebt. Ich dachte, als Nächstes ermordet er mich!« Auch sie kann ihren Alltag nicht mehr wie vorher gestalten, hat ihren Wohnsitz gewechselt, lebt in Angst.

Nadia R. ist eine beeindruckende Frau, politische Aktivistin, Feministin, sie hat eine eigene kleine Firma, spricht fünf Sprachen. Ihr Ex-Partner ertrug nicht, dass sie »ihren eigenen Kopf« hatte. Einmal schlug er sie im Streit, das akzeptierte sie nicht. Beim nächsten Mal schmiss sie ihn aus ihrer Wohnung, doch immer und immer wieder stand er vor ihrer Tür. Er hat sie bedroht, beschimpft, verfolgt, hat ihr aufgelauert. Sie hat ihn mehrfach, hundertfach um Vernunft gebeten. Als sie verstand, dass es zwecklos war, ging sie zur Polizei. Mehrmals hat sie ihn angezeigt, hat eine Gewaltschutzverfügung beim Familiengericht erwirkt, die beinhaltete, dass er keinen Kontakt mit ihr aufnehmen und sich ihr unter einem Abstand von hundert Metern nicht nähern darf. Als er den Beschluss erhielt, schrieb er ihr sofort: »Das wirst du bereuen.« Nadia R. hielt es nicht mehr allein in ihrer Wohnung aus, ging nur in Begleitung ihrer Mutter oder von Freundinnen vor die Tür. Wenige Tage vor der Tat war Frau R.s Mutter zur örtlichen Polizeidienststelle gegangen und hatte darum gebeten, dass diese endlich etwas unternehme, es gebe doch in Deutschland schon so viele Femizide. Man hörte sie an und legte das Protokoll ihrer Anzeige auf den Stapel der anderen

Es gibt ein kollektives Trauma der Gewalt oder Gefährdung aller Frauen. Alle Frauen, alle trans Personen, alle non-binären Menschen kennen sie. Das sind weit über die Hälfte unserer Bevölkerung, und dennoch wird geschlechtsbezogene Gewalt als Nischenthema behandelt, dessen sich einige wackere Feminist*innen annehmen. Ein Frauenthema, ein Thema für Betroffene. Eine kleine, finanziell schlecht ausgestattete Abteilung im Bundesfamilienministerium kümmert sich darum, die Haushaltstitel zur Bekämpfung der Gewalt sind lächerlich. Dabei ist es keine kollektive Unfähigkeit. Es wäre leicht, sofort effektive Möglichkeiten zur Einschränkung geschlechtsbezogener Gewalt zu ergreifen. Dass es trotzdem nicht geschieht, ist nur mit dem strukturellen Nutzen geschlechtsbezogener Gewalt erklärbar. Die Gewalt gegen Frauen bewirkt nicht nur individuell etwas, sie ist gesamtgesellschaftlich antifeministisch, denn sie verhindert die Gleichstellung der Geschlechter und Freiheit der Frauen. Durch die permanente Gewalt oder auch nur die Möglichkeit, Gewalt zu erfahren, werden Frauen aktiv darin behindert, sich selbst fortzuentwickeln, in ihren beruflichen und privaten Lebensentwürfen voranzukommen. Sie werden reduziert, kleingehalten, ausgestoßen. Susanne Kaiser bringt es auf den Punkt: »Sie können ihre Rechte nicht wahrnehmen, weil sie zu sehr damit beschäftigt sind, zu überleben. Der Schaden, den gewalttätige Männer anrichten, geht also weit über den körperlichen und seelischen Zustand einer einzelnen Frau hinaus – er ist politisch.«[62]

Was folgt daraus? Sollten wir, wie es die Politologin und Autorin Emilia Roig schreibt, *Das Ende der Ehe* oder gleich der Paarbeziehungen einleiten? Ich glaube, wir brauchen dringend ein Nachdenken über die Ehe, über die Ausschließlichkeit von Paarbeziehungen, über die Strukturen von Kleinfamilien. Es hat sich erwiesen, dass sie massive Risiken für Gewalttätigkeit und Diskriminierung in sich bergen. Wir brauchen viel mehr Durchlässigkeit in den Beziehungen, Transparenz, Offenheit. Es sollten Alarmglocken klingeln, wenn eine Freundin plötzlich nicht mehr ausgeht, sich zurückzieht oder kaum spricht, wenn ihr Liebhaber anwesend ist. Das Private ist politisch, die Unantastbarkeit der Zweisamkeit gehört hinterfragt. Nichts spricht gegen einen ersten Liebestaumel, Isolation aber kann gefährlich sein. Hermetisch verriegelte Paar- oder Familiensysteme haben oft etwas zu verbergen, sie müssen aufgebrochen werden. Zur Bekämpfung von Gewalt im sozialen Nahraum braucht es Wachsamkeit, Solidarität mit den Betroffenen, Konsequenzen für die Täter. Gemeinsamkeiten, im besten Sinne des sozialen Miteinanders. Und Verständnis, wie es Roig zutreffend beschreibt: »Aber was zu Hause passiert, ist zu empfindlich, zu privat, zu fragil. Die affektive Betroffenheit ist zu groß. Entsprechend werden patriarchale Muster innerhalb von heterosexuellen Beziehungen oft individualisiert und nicht als systemisch betrachtet. Die Ehe hat nach wie vor die wichtige politische Funktion, die allgemein unterlegene Position der Frauen zu verklären. Man erhebt sich nicht gegen diejenigen, die man liebt.«[63] Zuallererst aber ist eines dringend erforderlich: den Frauen endlich zu glauben.

MACHT, NICHT SEX

Zu Mirkos Repertoire gehörten auch Vergewaltigungen. Wie oft hat Lisa in ihrem Bett gelegen und gelauscht, ob Mirko nach Hause kommt, gehofft, dass er sie in dieser Nacht in Ruhe lassen würde. Wie oft hat sie sich weggedreht, Nein gesagt, ihn gebeten, ihn angefleht, geweint. Manchmal reagierte er, ließ von ihr ab. Aber in der Regel war ihm egal, was sie sagte. Es ging ihm schon lange nicht mehr um Nähe, Intimität oder Spaß. Immer mehr bekam Lisa das Gefühl, dass es ihm gerade wichtig war, es gegen ihren Willen zu tun. Es. Worüber sie nicht zu sprechen wagte, und mit wem auch? Einmal versuchte sie außerhalb des Schlafzimmers mit ihm »darüber« zu sprechen, versuchte ihm zu erklären, wie es ihr »damit« ging. Mirko lachte sie aus, fragte, ob sie eine Frauenzeitschrift gelesen hätte oder bei einer Beratungsstelle gewesen sei. Ob sie wirklich denke, dass ihr jemand glauben würde. Er nahm sich, was er wollte, wann er wollte und wie er es wollte.

Sexualisierte Gewalt gegen Frauen kommt in allen Lebensbereichen vor, zu Hause, bei der Arbeit, in Clubs, nach Feiern, an öffentlichen und geschlossenen Orten. Der Begriff »sexualisierte« Gewalt macht anders als »sexuelle« Gewalt deutlich, dass es um Gewalt mit sexuellen Mitteln geht, nicht oder nur am Rand um Sex. Nicht die sexuelle Befriedigung oder ein sogenannter Trieb stehen im Vordergrund, sondern eine besonders erniedrigende Form der Machtausübung und Diskriminierung.

Sexualisierte Gewalt beginnt nicht bei brutalen Vergewaltigungen. Sie beginnt bei alltäglichen verbalen Angriffen. Sie wird durch Blicke, Handzeichen, Sprüche und häufig digital verübt. Unter dem Begriff »Catcalling« werden sexuell konnotierte Verhaltensweisen beziehungsweise verschiedene Arten der sexuellen Belästigung ohne Körperkontakt gefasst: anzügliche Bemerkungen, Hinterherpfeifen oder Rufe. Ich habe noch nie eine Frau getroffen, die in ihrem Leben nicht zumindest verbal sexuell belästigt wurde. Jede Frau kennt die Situation, an einer größeren Gruppe Männer vorbeizugehen und plötzlich Rufe zu vernehmen: »Na, die ist aber auch nicht von schlechten Eltern«, »Süße«, »Schätzchen«, »Sie dir mal die Titten an« oder »den geilen Arsch«. Schnell weitergehen, bloß kein Blickkontakt, vielleicht eine rasche Bemerkung hinwerfen, vielleicht auch einen Stinkefinger, egal, nur weg. Blicke, die eine ausziehen, anzügliche Gesten, Männer, die sich plötzlich in den Schritt greifen, die Zunge »lasziv« aus dem Mund strecken oder gleich ihren Penis hervorholen. Wir haben als Jugendliche eine Strichliste geführt, wenn wir zusammen mit der S-Bahn gefahren sind, wie oft wir angemacht wurden. Gemeinsam über die Typen herzuziehen machte es etwas leichter, nicht angenehmer.

Meistens bleibt es aber nicht dabei. Ich habe nur wenige

Frauen getroffen, die nie Opfer körperlicher sexualisierter Gewalt geworden sind. Frauen kennen es von frühester Kindheit an, dass sie sowohl im sozialen Nahraum als auch im öffentlichen Raum ungefragt angefasst werden, am Hintern, an den Brüsten, an den Oberschenkeln. Sie erleben, dass Wangenküsse plötzlich auf den Mund »verrutschen«, dass sich unerwartet die Zunge des anderen durch die geschlossenen Lippen in den Mund presst, dass bei einer Umarmung auf einmal die Hand auf den Hintern gelegt, »aus Versehen« die Brust gestreift wird, dass der Arm des Tischnachbarn auf dem Oberschenkel landet oder sich im dichten Gedränge im Bus plötzlich jemand an ihrem Hintern reibt. Und wie reagieren wir? Wer eilt zu Hilfe, interveniert? In der Regel niemand. Früh erfahren Frauen, dass sie die Übergriffe am besten ignorieren, sich der Situation entwinden und kein Aufsehen erregen. Sie lernen, dieses Verhalten »wegzulächeln«, denn wenn sie laut werden, wird es häufig gegen sie verwendet. »Stell dich doch nicht so an«, »Das war nicht so gemeint«, »Hättest du wohl gern?«, »Die würd ich nicht mal mit der Kneifzange anfassen«, »War doch nur Spaß«, »Ah, eine von der ganz zugeknöpften Sorte«. Alle kennen diese Reaktionen, stets abwertend, angreifend, häufig sehr verletzend. Frauen, die nicht dem gängigen Schönheitsideal entsprechen, schlägt in diesen Momenten oft nicht nur die Verachtung des Täters, sondern auch die Umherstehender entgegen. Frauen mit körperlichen Behinderungen berichten davon, dass ihnen nicht geglaubt wird, wenn sie von sexualisierten Übergriffen berichten, und sie durch die Reaktion auf ihre Berichte erneut erniedrigt werden. Interventionen oder auch nur Unterstützung durch Dritte erleben wenige. Wenn eine Frau belästigt wird, schauen die meisten weg.

Der öffentliche Diskurs über diese Form der Belästigung ist frustrierend, häufig wird er in Windeseile in den defensiven Vorwurf umgekehrt, Frauen, die sich wehren, hätten keine Freude an unschuldigen Flirts, an Sexualität und »normalen zwischenmenschlichen Begegnungen«. Die »lustfeindliche Sittenpolizei« würde Liebe, Romantik und Begehren vernichten wollen. Das Gegenteil trifft zu. Es geht darum, Freiheiten für alle, nicht nur für einige wenige zu schaffen, allen Geschlechtern Sexualität ohne Angst und Gewalt zu ermöglichen. Es geht nicht um eine Welt ohne Sinnlichkeit, sondern um eine, in der Begehren, Lieben, Sexualität für alle lustvoll sind. Es geht darum, Normen über Bord zu schmeißen, solange Konsens herrscht, keine missbräuchlichen Beziehungen entstehen und keine individuellen Grenzen überschritten werden. Dafür ist stets erforderlich, das Gegenüber im Blick zu haben, das eigene Verhalten zu reflektieren und Einvernehmlichkeit herzustellen. Der britische Autor und Sozialarbeiter JJ Bola schreibt dazu: »Das Prinzip von Einwilligung und Einvernehmlichkeit ist für viele Männer schwer zu greifen, da es ein automatisches Anspruchsgefühl infrage stellt, bei dem Männer nicht das Gefühl haben, auf Zeichen der Frauen achten zu müssen. In einer Gesellschaft, in der Männern gesagt wird, dass ihnen die Körper von Frauen zugänglich sind, in der Frauenkörper oft der Unterhaltung von Männern dienen, kommt es ihnen nicht immer in den Sinn, Frauen um Erlaubnis zu bitten.«[64]

Denkt denn wirklich irgendjemand, dass der Kniff in den Po einer Unbekannten bei dieser Begehren oder auch nur Freude auslöst? Es geht bei diesen Übergriffen nicht um Annäherungen, nicht um ein irgendwie gewolltes Miteinander, sondern allein um Machtausübung. »Ein Frauen gleichzeitig begehrender und verachtender Sexismus hat nichts mit Flirten, mit erotischem Spiel auf Augenhöhe und im wechselseitigen Respekt zu tun«, so der Sozialpsychologe Rolf Pohl. Es gehe dabei vielmehr um Variationen sexueller Aggressivität gegenüber Mädchen und

Frauen, die in Gesellschaften mit männlicher Vorherrschaft nach wie vor als Objekt und Beute des männlichen Zugriffs gelten.[65] Wer behauptet, so etwas sei lustig gemeint und nicht gefährlich, nett, wenn vielleicht etwas ungeschickt, ist Teil eines Klimas, das sexualisierte Übergriffe legitimiert und den Betroffenen unterstellt, sie könnten zwischen reiner Respektlosigkeit und sexualisierter Übergriffigkeit nicht unterscheiden.[66] Damit wird die Deutungshoheit über ein angetanes Unrecht den Tätern überlassen, die sich erfahrungsgemäß nicht selbst anklagen. Läge diese bei den Betroffenen, sprächen wir von Macht und der Freude der Täter an der Angst und Verunsicherung der Frau. So beschreibt es beispielsweise die Tochter meiner Nachbarin: »Da kamen mir diese beiden Männer entgegen, sie sahen mich von oben bis unten an, und dann sagte einer: ›Toller Arsch.‹ Ich beachtete sie nicht, aber als ich an ihnen vorüber war, hielten sie an, drehten sich um und gingen mir ein paar Schritte hinterher. Sofort stieg die Panik in mir auf. Als ich rannte, hörte ich sie lachen. An der nächsten Straßenecke wartete ich einige Minuten um zu hören, ob sie hinterherkamen. Meine Angst war ihr Vergnügen.«

Sexualisierte Gewalt hat viele Formen. Von verbalen Angriffen, dem unerlaubten Berühren von fremden Körpern und dem ungewollten Zeigen und Zusenden von sexualisierten Bildern bis hin zu dem Erzwingen von sexuellen und pornografischen Handlungen, Vergewaltigungen, sexueller Nötigung, sexualisierter Folter, Genitalverstümmelung, sexueller Ausbeutung, Zwangsprostitution oder Menschenhandel. Weibliche Menschen werden von Kindheit an darauf vorbereitet, sich vor geschlechtsbezogener und insbesondere sexualisierter Gewalt zu fürchten. Ihnen wird die Verantwortung zugewiesen, sich selbst davor zu bewahren, sich hinreichend zu schützen und sich idealerweise gar nicht erst in Gefahr zu begeben. Sie haben auf der Hut zu sein, sich nicht an dunklen Orten »herumzutreiben«, sich nicht zu aufreizend zu kleiden, sich nicht mit Drogen oder Alkohol ihrer Sinne zu berauben, fremden Männern nicht zu vertrauen, ihre Weiblichkeit nicht zu sehr zu betonen oder Fremde »animierend« anzulächeln. Gleichzeitig sollen sie aber auch attraktiv, freundlich und zugänglich sein. Mädchen wird früh beigebracht, dass ihr Wert auch an ihrem Aussehen und ihrer Intaktheit bemessen wird. Sie werden von klein auf »herausgeputzt«, als süß, anmutig, bezaubernd betitelt, frisiert und gekleidet. Die kleinen Prinzessinnen eben, die gern auch ein wenig frech sein sollen, nur bitte nicht allzu burschikos oder abweisend. Es ist ein schwieriges Unterfangen, dieser ständige Balanceakt, denn wer abrutscht, riskiert viel.

Sieht man sich Werbung, Supermärkte und Klamottenläden an, muss man feststellen, dass in den letzten Jahren die binären Geschlechterstereotype nicht etwa überwunden, sondern eher verschärft wurden. Es gibt nicht nur blaue Abenteuer- und rosa Ballettranzen für die Schule, sondern auch unterschiedliche HARIBO-Sorten und Überraschungseier für Mädchen und Jungs, geschlechtsspezifische Babyshampoos und Zahnbürsten, rosa Himmel- und rote Autobetten. Die Rollen sind und bleiben klar verteilt, dazwischen ist wenig Platz. Wer versucht, Kinder großzuziehen, statt Söhne oder Töchter, stößt schnell an Grenzen. Spätestens im Schulalter wird man als Eltern kritisch beäugt, wenn Jungs in Mädchenkleidern zum Unterricht kommen, ihre Puppe im Schlepptau. Eltern, Lehrende oder Erzieher*innen merken besorgt an, dass es entwicklungspsychologisch schwierig sei, wenn man die Geschlechtsidentitätsfindung der Kinder chaotisiere und sie zwinge, sich früh als anders zu fühlen. Während also mit den kleinen Kerlen schon im Kindergarten gebalgt und gekämpft wird, sie früh in Camouflage-Anzügen mit Spielzeugpistolen herumtollen und abends Abenteuerbücher vorgelesen bekommen, lernen Mädchen zu malen, amüsieren sich im Tutu beim Herumschieben von Puppenwagen, sammeln Pferdebilder und helfen der Mutter beim Backen. Fürsorglich zu sein lernen Mädchen von klein auf, Gewalt ist von Anfang an Teil des männlichen Verhaltensspektrums. Dies schlägt sich auch in den jeweils ansozialisierten Kommunikationskulturen nieder, Mädchen lernen, Konflikte verbal zu klären, Jungs dürfen sich auch mal prügeln. Selbstverständlich gibt es Ausnahmen und Versuche, genderstereotype Verhaltensweisen aufzubrechen, verschwunden sind sie aber noch lange nicht. Obwohl mittlerweile Generationen mit dem Vorbild von Pippi Langstrumpf und Ronja Räubertochter aufgewachsen sind. Denn Pippi ist die Tochter eines Königs der Südsee und Ronja eines berüchtigten Räuberhauptmanns, Ausnahmepersonen also, mit besonderem Mut und besonderen Fähigkeiten ausgestattet. Zu Identifizierung taugen sie nur am Rand, genau so sollen sie ja nicht werden.

Mädchen werden später als ihre Brüder allein auf den Schulweg geschickt und bekommen mehr Verhaltensanweisungen. Viele haben schon in ihrer Kindheit erlebt, dass sich ihnen unbekannte Männer in den Weg gestellt, sie angesprochen oder sich vor ihnen entblößt haben. Die meisten haben gelernt, in solchen Situationen schneller zu gehen, Augenkontakt zu meiden und im Notfall zu rennen. So wird die Angst zur Gewohnheit, wird zum Normalzustand. Das Kollektiv BIWI KEFEMPOM benennt in seinem Buch *Feminizide* das Phänomen treffend »Protokolle der Angst«.[67] Die Autorin Rebekka Endler schreibt, sie sei »mit dem Bewusstsein aufgewachsen, dass alles im Leben möglich ist, solange ich es schaffe, nicht von einem fremden Mann entführt und umgebracht zu werden. Stranger Danger … Die Furcht vor dem Fremden, oder eher die Idee, dass hinter jeder Ecke, hinter jedem Busch Böses lauern kann, war ein dunkler Pfeiler meiner

Erziehung.«[68] Und was ist mit den Jungs, den Lausbuben, den frechen Kerlen? Früh lernen sie, auf keinen Fall »Heulsusen« zu werden, mutig zu sein, stark, beschützend, ja, auch zugewandt, aber vor allem potent.

Was können wir gegen die stets lauernde Gefahr tun, wer hilft, und ist sie überhaupt so allgegenwärtig, wie sie uns antrainiert wird? Ja, es gibt sie wirklich, die Gefahr im öffentlichen Raum, und sie trifft sehr viel häufiger weiblich gelesene Personen als männliche. Dazu komme ich noch. Viel wahrscheinlicher rührt die Gefahr allerdings vom eigenen Vater, vom Onkel, Bruder, Großvater, vielleicht auch der Mutter. Sexuelle Übergriffe gegen Mädchen (und Jungs) gehen in der Regel von nahen Verwandten, von Patenonkeln oder Freund*innen der Eltern aus – eine Realität, die immer noch tabuisiert wird. Was also tun, wenn es nicht wie eingeschärft der Mann hinterm Busch ist, der einem etwas antut, sondern ein Mensch aus dem eigenen Umfeld, der neue Lebensgefährte der Mutter, der große Cousin, der Geigenlehrer, der Ergotherapeut, der Pfarrer oder Hausmeister in der Schule, der Fußballtrainer oder die Babysitterin? Wohin rennt man dann? An wen wendet man sich? Und wie beschreibt man diese nie thematisierte Gefahrensituation überhaupt? Sexualisierte Gewalt im Nahraum trifft manche Kinder von Geburt an, im deutschen Recht wird bei minderjährigen Betroffenen von sexuellem Missbrauch gesprochen. Darunter fallen alle denkbaren Sexualpraktiken mit Kindern, wie auch das Handeln mit Kinderpornografie. Kinder brauchen in der Regel lange, oft Jahre, sogar Jahrzehnte, bis sie sich öffnen und jemandem von den Taten berichten können. Allzu oft wird ihnen nicht geglaubt. Man rechnet damit, dass Kinder bis zu acht Menschen von erlittenem Missbrauch erzählen müssen, bevor sie jemand ernst nimmt. Viele Kinder wissen lange nicht, wie sie das, was ihnen angetan wird, bewerten sollen. »Ich dachte, alle Väter machen das. Ziemlich eklig, aber eben normal.« Sexueller Missbrauch wird in etwa 75 bis 90 Prozent der Fälle durch Männer oder männliche Jugendliche ausgeübt, zu etwa 10 bis 25 Prozent durch Frauen und weibliche Jugendliche. Sowohl Täter als auch Täterinnen missbrauchen Minderjährige jeden Geschlechts, jedoch missbrauchen Frauen eher Jungen, Männer eher Mädchen.[69]

Kinder sind Erwachsenen oder Älteren gegenüber in ihrer Wehrhaftigkeit massiv eingeschränkt. Wer Kinder missbraucht, nutzt deren Unterlegenheit, häufig auch ihre Abhängigkeit aus. Die allermeisten Menschen, die Kinder sexuell missbrauchen, haben nicht das Krankheitsbild der Pädophilie. Es geht auch hier um Macht, um Vorherrschaft, nicht um die Befriedigung von sexuellen Trieben. Viele Personen, die sexualisierte Übergriffe in der Kindheit erlebt haben, erleben diese auch in ihrem späteren Leben. Leider ist es nicht die große Ausnahme, dass Betroffene mehrfach in ihrem Leben durch unterschiedliche Täter sexualisierte Gewalt erleiden, sondern eher die Regel. Denn durch früh erlebte sexualisierte Gewalt haben Kinder Schutzmechanismen verlernt, haben stattdessen gelernt, dass Liebe und Gewalt von ein und derselben Person ausgehen kann, und deshalb Schwierigkeiten, Gefahren richtig zu erkennen.

Sexueller Missbrauch an Kindern kommt in allen gesellschaftlichen Schichten und sozialen Zusammenhängen vor und wird völlig unzureichend bekämpft. Beispielhaft hierfür ist die geradezu beschämende »Aufarbeitung« des sexuellen Missbrauchs bei den Kirchen, der durch Geistliche jahrzehntelang unter den Augen der Kirchenoberen durchgeführt werden konnte. Trotz großer Aufmerksamkeit in der Öffentlichkeit in den letzten Jahren und einer starken Vertretung der Betroffenen wird weder angemessen aufgeklärt noch entschädigt, noch werden ausreichend personelle Konsequenzen gezogen. Erst recht nicht, wenn die Taten im sozialen Nahraum verübt werden. Ab und an werden »bestürzende Fälle« ans Tageslicht gebracht, wie der Missbrauchsfall von Staufen 2020[70] oder der von Münster im selben Jahr.[71] Stets wird von »ungeheuerlichen« Taten berichtet, von dem »unvorstellbaren« Grauen, meist verbunden mit der Forderung nach höheren Strafen für die Täter. Dabei wissen alle, die sich auch nur ein wenig damit beschäftigen, dass es hinreichend Strafmöglichkeiten gibt und die Verschärfung der Strafparagrafen nichts nutzt, populistisch ist und vor allem nichts kostet. Echte Prävention hingegen wäre aufwendig, teuer, langwierig und würde an einigen Grundfesten von Familie, Kirche und Schule rütteln. Sexualisierte Gewalt gegen Kinder ist, so verachtenswert sie ist, leider nicht nur nicht unvorstellbar, sondern alltäglich. Aktuelle Dunkelfeldforschungen haben ergeben, dass etwa jede*r siebte bis achte Erwachsene in Deutschland sexuelle Gewalt in Kindheit und Jugend erlitten hat. Unter den Frauen ist jede fünfte bis sechste Frau betroffen.[72] Ein immenses Ausmaß, das nicht verwundert, denn wie es Kirsten Achtelik in *der Freitag* beschreibt, »bildet die Möglichkeit der Überschreitung der psychischen und physischen Grenzen von Frauen, Kindern und anderen als schwächer gelesenen Personen den Kern des patriarchalen Geschlechterverhältnisses.«[73]

Jede Frau kennt das beklemmende Gefühl auf dem nächtlichen Nachhauseweg. Es geht nur noch um eine letzte Ecke, bevor die sichere Haustür kommt. Doch plötzlich ist da eine weitere Person auf der Straße, es verhallen die fremden Schritte, wenn man selbst anhält. Die unbekannte Person wechselt die Straßenseite, wenn man wechselt, oder taucht plötzlich hinter der nächsten Abbiegung wieder auf. Dann beginnt die panische Analyse von Details: Hat er einen Hund dabei, ist er allein, telefoniert er, oder warum geht er so langsam? Pinkelt er da gerade im Gebüsch, sieht er wirklich zu mir herüber, und hat er schon erkannt, dass meine Schuhe nicht zum Rennen taugen? Fast alle Frauen haben Strategien für ihren Heimweg entwickelt, tragen den Schlüssel zwischen den Fingern der geballten Faust, telefonieren mit Freund*innen, fahren Fahrrad oder Taxi. Die Tageszeitung *taz* hat vor ein paar Jahren Geschichten von Frauen auf dem Heimweg gesammelt. Die Redaktion war überwältigt, wie viele Frauen Texte eingereicht haben. »Wenn ich nachts mit der U-Bahn nach Hause fahre, ziehe ich mir die Kapuze über den Kopf, bevor ich den Waggon verlasse. Im Sommer binde ich meine Haare zusammen und stecke sie in den Kragen. Ich versuche, so unauffällig wie möglich zu sein. Ist es sehr spät, rufe ich manchmal Freunde an und bitte sie, am Apparat zu bleiben, bis ich in meiner Wohnung bin. Es läuft sich dann ruhiger durch die dunklen Straßen am Rande des Industriegebiets in Berlin-Neukölln.«[74] Und die Vorsicht hat ihre Berechtigung, ihre Notwendigkeit: Unzählige Frauen haben darüber berichtet, was ihnen auf den Straßen widerfahren ist, wie Fremde ihnen plötzlich an die Brüste oder in den Genitalbereich gefasst haben. Die Täter: Männer. Alte Männer, junge Männer, reiche Männer, arme Männer. Kaum eine Betroffene hat Anzeige erstattet, wenige nur haben überhaupt geschrien, sind weggerannt, haben sich retten können. Einige haben es über sich ergehen lassen, damit sie nicht schwerer verletzt werden. Auf TikTok wurde neulich gefragt, was Frauen auf der ganzen Welt tun würden, wenn es vierundzwanzig Stunden lang keine Männer auf der Erde gäbe, die häufigste Antwort der Frauen war: »Nachts in der Stadt spazieren gehen«.[75]

Ich habe einmal eine Frau vertreten, die sehr lange, frisch gemachte Fingernägel hatte, »American Nails«. Ein nicht ganz praktisches Accessoire, dachte ich noch, während sie mir berichtete, dass sie nachts von einem unbekannten Mann verfolgt und an ihrer Haustür angegriffen wurde, der sie ganz offensichtlich vergewaltigen wollte. Reflexhaft hat sie sich herumgedreht und ist ihm mit ihren Nägeln durchs Gesicht gefahren. Durch ihre langen und äußerst stabilen American Nails hat sie ihn so im Gesicht verletzt, dass er von ihr ablassen musste und wegrannte. Sie rief sofort die Polizei. Er wurde gefasst, weil er sich aufgrund seiner stark blutenden Wunde in eine Rettungsstelle begab und die Polizei ihn dort fand. Unter den Nägeln meiner Mandantin befand sich seine DNA – sie deckte damit eine ganze Vergewaltigungsserie auf.

Ich habe viele Frauen vertreten, die auf ihrem Heimweg verfolgt und vergewaltigt wurden. Ihre Schreie wurden nicht oder erst zu spät gehört. Viele Betroffene berichten, dass sie schon in der U-Bahn oder im Bus ein ungutes Gefühl bei den Männern hatten, die sie mit Blicken bedachten, dass sie aber keine Handlungsalternative hatten, die Männer loszuwerden. »Er hat ja nichts gemacht, außer mich so anzusehen. Was hätte ich tun sollen, die Polizei rufen? Jemanden ansprechen? Die hätten mich doch ausgelacht.« Parks, Brücken und Bushaltestellen sind so angelegt, dass sich Täter gut in unbeleuchteten Ecken verstecken können. Tunnel haben keine Notausgänge, Bahnhöfe sind nicht besetzt, Tankstellentoiletten befinden sich im Dunkeln hinter dem Haus, Notrufsäulen sind nicht vorhanden oder defekt. Seit den Siebzigerjahren mahnen feministische Stadtplaner*innen wie etwa die Wienerin Eva Kail an, dass Städte nur für Männer gebaut sind, spezifische Bedürfnisse von Frauen nicht berücksichtigt werden.[76] Wenn man, um geschlechtsbezogene Gewalt zu verhindern, nicht Ausgangssperren für Männer einrichten wolle, müssten die Wege von Frauen sicherer werden. Wenig hat sich bisher geändert. Täglich werden Frauen sexuell angegriffen – in Kabinen öffentlicher Toiletten, auf dem Weg von der U-Bahn zu ihren Wohnungen, tagsüber im eigenen Hausflur, nachmittags im Park. Kein Ort, wo es keine Angriffe gäbe, kein öffentlicher Ort, an dem Sicherheit garantiert ist. In regelmäßigen Abständen werden Sexualstraftaten im öffentlichen Raum politisch dazu benutzt, weitere (Video-)Überwachungsmaßnahmen zu fordern. Dann werden angeblich gefährliche Orte ausgemacht, an denen Frauen besonders zu schützen seien, und diese dann mit mehr Polizei und neuer Videotechnik ausgestattet. Alle wissen, dass das unsinnig ist, auch diese Forderungen dienen ausschließlich populistischen Zwecken, nicht dem Kampf gegen geschlechtsbezogene Gewalt. Sexualisierte Gewalt geschieht überall, wenn sie mit mehr Überwachung bekämpft werden soll, dann brauchen wir Totalüberwachung und einen Polizeistaat. Ich möchte das nicht.

Nehmen wir beispielhaft das Münchner Oktoberfest mit seinen vielen sexualisierten Übergriffen. Wo sollen Kameras aufgebaut, wo die Polizei platziert werden? In den Zelten, hinter den Zelten, unter ihnen, am Rand der Festwiese, vor den Eingängen oder am besten in ganz München und dem Umland? Helfen würde womöglich, wenn jede einzelne Person Security bekäme, die sie nach Hause begleitete, wenn Alkohol verboten würde und Ansammlungen von Männern. Wer sexualisierte Gewalt im öffentlichen Raum verhindern will, muss den öffentlichen Raum verändern, nicht überwachen. Dann muss es überall Notrufmöglichkeiten geben, die nicht im Nichts enden, sondern tatsächlich hilfsbereite Menschen rasch mobilisieren. Dann muss es viel mehr Bushaltestellen geben oder die Möglichkeit, den Bus vor der eigenen Haustür anzuhalten, dann darf es keine Mauern um Parks und keine hohen Büsche am Wegesrand geben, sondern freie Sichtachsen für sicheres Durchqueren, die auch von außen einsehbar sind. Es braucht Licht und Aufmerksamkeit und vieles mehr. Die meisten Frauen können sehr konkret sagen, welche Orte in ihrem Alltag besonders gefährlich sind und was ihnen helfen würde, aber sie werden nicht gefragt.

Prävention würde bedeuten, Taten zu verhindern. »Kein Täter werden« müsste im frühesten Kindesalter thematisiert werden, in den Kitas, den Schulen, in der Freizeit. Präventive Einflussnahme würde bedeuten, das herrschende Männlichkeitsbild kritisch zu betrachten und zu dekonstruieren, Solidarität zu fördern und ehrlich zu thematisieren, wie patriarchale Gewalt funktioniert und sich verbreitet. Pädagog*innen sollten lehren, was es heißt, Grenzen anderer zu wahren, weshalb man andere nicht verletzt, nicht vergewaltigt, nicht sexuell belästigt. Dass es mehr als zwei Geschlechter gibt, dass alle sexuellen Orientierungen gleich zu respektieren sind und alle sexuellen Praktiken erlaubt und gut sind, wenn sie auf Konsens beruhen, keine Machtverhältnisse ausgenutzt werden und sie allen Beteiligten Freude bereiten. Dass es niemals in Ordnung ist, andere zu etwas zu zwingen, und weshalb Männlichkeit nichts damit zu tun hat, den eigenen Willen durchzusetzen. Aber das sieht der Lehrplan nicht vor, das sieht die Gesellschaft als Gesamtes nicht vor. »Schützt eure Töchter« heißt es statt »Erzieht eure Söhne«. Schutz und Sorge sind wichtig, Selbstverteidigungskurse für Frauen und Pfeffersprays können in bestimmten Situationen das

Selbstbewusstsein stärken. Aber genauso wichtig ist es, männlichen Personen Einhalt zu gebieten und sie zu lehren, nicht übergriffig zu sein. Wenn wir sie lehren können, hinzusehen, wenn andere belästigt oder angegriffen werden, Hilfe zu holen, Betroffene zu unterstützen und deren Ängste nicht zu banalisieren, wird das tatsächliche Auswirkungen auf die Erfahrungen von Frauen im öffentlichen Raum haben.

EIN MÄNNERPROBLEM

Wenn ich wiederholt in öffentlichen Debatten gefragt werde, was sie, die Männer, denn tun sollen, sie seien ganz verunsichert in ihrer eigenen Existenz – ob sie besser nicht mehr flirten, besser keine öffentlichen Verkehrsmittel nutzen, besser nur noch andere Männer nach dem Weg oder der Uhrzeit fragen sollten –, dann antworte ich gern mit den Worten einer Freundin: »Wissen Sie, ein verunsicherter Mann, das ist doch schon einmal ein guter Anfang!«

Aber genau dies steht diametral einer »Bewegung« entgegen, die sich um die Selbstwirksamkeit von Männern sorgt, die Männlichkeit in Gefahr sieht, die behauptet, Männer hätten keine Rechte mehr, würden gecancelt und gegängelt. Am ekelhaftesten tun sich dabei die sogenannten maskulinistischen Gruppen hervor, die immer wieder offen zu verbaler, aber auch tätlicher sexualisierter Gewalt aufrufen und sich damit brüsten, endlich ihre eigenen Rechte durchzusetzen. Maskulinisten sind Männerrechtler, die Männer für systematisch benachteiligt halten, weil Feminismus und »Genderismus« die Öffentlichkeit bestimmen würden. Sie jammern darüber, dass sie kaum öffentliche und mediale Aufmerksamkeit bekämen, weshalb sie sich vor allem im Internet organisieren. Ein Protagonist ist der YouTuber »SuperExtreme«, ein Maskulinist, der in Videos »Lektionen« für den männlichen Umgang mit Frauen erteilt. In einem dieser Videos erklärt er, dass Frauen es bräuchten, von Männern erzogen zu werden. So habe er einmal mit einer unter der Nase sitzenden Mund-Nasen-Maske im Bus gestanden, wofür er von einer Frau angestarrt worden sei. Er habe sie daraufhin körperlich bedrängt, sei ihr Schritt für Schritt durch den Bus gefolgt, bis er ihre Angst deutlich spüren konnte. Er hat ihr eine Lektion erteilt, sie soll es nicht wagen, ihn zu kritisieren, nicht einmal mit Blicken.[77]

Eine besondere Form des Maskulinismus betreiben die sogenannten Pick Up Artists (PUA). Sie bieten Männern Kurse an, in denen sie lehren, wie man Frauen »ins Bett kriegt«. Das Motto ist simpel: Ein Mann hat jederzeit Anspruch auf Sex. Das muss er zeigen und durchsetzen. Dafür muss er eine dominante Männlichkeit entwickeln, ein quasi »hypermaskulines« Selbst. Dies zeigt er durch sexistisches und übergriffiges Verhalten, was aber nicht offen propagiert, sondern ironisiert und relativiert wird. Selbst physische Gewalt wird legitimiert und gleichzeitig scherzhaft abgelehnt. Die Soziologin und Autorin Franziska Schutzbach, die sich viel mit den maskulinistischen Bewegungen beschäftigt, schreibt: »Weil es angeblich ›nur‹ ein Spiel ist, kann man sich selbstbewusst als Sexist bezeichnen und sich als solcher verhalten.«[78] Bei den Maskulinisten geht es um eine herausgekehrte Männlichkeit, die gerade durch ihre unverhohlene Frauenverachtung und übergriffige Haltung attraktiv ist. »Eine Männlichkeit, die sich, wie das PUA-Vorbild Donald Trump, ›Pussys‹ einfach greift. Dazu passend reklamieren PUAs eine subversive Attitüde, die auch das Selbstbild der neuen Rechten prägt: Man brüstet sich mit der Rebellion gegen eine angebliche politische Korrektheit und bricht vermeintliche Tabus.«[79]

Es gibt also Männer, die die Ausübung sexualisierter Gewalt

nicht nur hinnehmen, sondern öffentlich proklamieren, dafür werben und andere dazu anstiften. Manchmal bezeichnen sie sich als Maskulinisten, oft auch nur als »echte Männer«. Wenn sie Taten ankündigen, werden sie belächelt, ihre Gefährlichkeit abgetan, heimlich wird ihnen allzu oft zugestimmt. Immer wieder werden ihre misogynen Gedanken auch für den Mainstream veröffentlicht. So wie es bei Till Lindemann, Frontmann der Band Rammstein, geschehen ist. In seinen Songtexten, seinen Videos und seinen »Gedichten« verbreitete er seit Jahren auf großer Bühne sexistische Inhalte. Als er 2020 in die Kritik geriet, weil er in einem im Kiepenheuer & Witsch Verlag erschienen Gedichtband einen Text veröffentlichte, der explizit lustvoll eine Vergewaltigungsszene beschrieb, schützte ihn sein Verlag: »Als Verlag verteidigen wir die Freiheit der Kunst, auch moralisch verwerfliche, abgründige Gefühls- und Gedankenwelten auszuloten und zum Ausdruck zu bringen.«[80] Auch Teile des deutschen Feuilletons verteidigten Lindemann und Kiepenheuer & Witsch: »Dass der im Gedicht dargestellte Vorgang unter moralischen Gesichtspunkten zutiefst verwerflich ist, ist eine Selbstverständlichkeit und erlaubt keine persönliche Diffamierung des Autors.«[81] Aber weshalb veröffentlicht man als Verlag so einen Text? Um aufzuklären, um sexualisierte Gewalt zu bekämpfen? Misogynes Handeln und Sprechen werden so normalisiert und gesellschaftsfähig gemacht – es ist Teil der sogenannten Rape Culture. Drei Jahre später gibt es Anhaltspunkte dafür, dass Lindemanns »lyrisches Ich« doch seinem realen Ich entsprechen könnte. Zahlreiche Frauen beschreiben sexualisierte Gewalt und Machtmissbrauch durch ihn, mit Unterstützung seines Umfeldes, das ihm die Frauen »zugeführt« haben soll. Und man fragt sich erneut, weshalb sie nicht ernst genommen werden, die Menschen, die gewaltverherrlichend schreiben, singen, veröffentlichen. Es ist nahe-, nicht fernliegend, dass sie auch so handeln.

Aufgehalten werden sie jedenfalls nicht. Nicht von den Behörden, nicht von den Mittwissenden, nicht von ihrem Umfeld. Und dann gibt es auch solche Täter, die sich an dunklen Ecken herumtreiben, unerkannt und unbeachtet. Aber auch sie kommen nicht aus dem Nichts, sie bewegen sich im öffentlichen Raum, bereiten ihre Taten vor, verfolgen Frauen, beobachten sie, bevor sie »zuschlagen«. Es fällt ihnen nicht plötzlich aus irgendwelchen Launen heraus ein, Frauen zu verfolgen und zu vergewaltigen. Doch niemand achtet auf sie, und so werden auch sie nicht aufgehalten. Es wird bedauernd hingenommen, dass diese Taten geschehen. »Tragisch«, aber eben nicht abwendbar. Männer seien eben so, es sei in ihrer Natur – »solange es Männer gibt, gibt es Vergewaltigungen«. Stimmt das? Muss es so sein? Ist eine Gesellschaft, in der sexualisierte Gewalt inexistent ist, nicht vorstellbar? Und warum haben Männer so wenig Interesse daran, dieses schlechte Bild von Männlichkeit zu revidieren? Warum spricht sie niemand an, wenn sie sich merkwürdig im öffentlichen Raum bewegen? Ich spreche nicht von Bürgerwehren, die Menschen willkürlich vertreiben. Es geht mir darum, den öffentlichen Raum tatsächlich für alle zu öffnen. Dies wird nur möglich sein, wenn wir auch in der Öffentlichkeit Fürsorge füreinander treffen, nicht gegeneinander. Menschen bewegen sich im öffentlichen Raum, manche schlafen dort, arbeiten, ruhen, trinken und essen, vertreten sich die Beine, sitzen grundlos herum. Auch nachts. Menschen zu unterstützen, die sich unsicher fühlen, und Menschen darauf anzusprechen, dass sie Angst verursachen – das wären erste Schritte. Genauso wie es nötig ist, Menschen Hilfe anzubieten, wenn Gefahr droht, dass sie erfrieren könnten oder gesundheitlichen Schaden nehmen. In einer solidarischen Gesellschaft sollte es selbstverständlich sein, sich um die Sicherheit aller zu kümmern. In den Neunzigerjahren hingen an Bahnhöfen Plakate, auf denen Frauen andere Frauen aufforderten, im ersten Waggon der S-Bahn mitzufahren, um sich gegenseitig zu unterstützen und Gefahren für die Einzelne zu verringern. Es fühlte sich gut an und war zudem oft sehr lustig, mit vielen unbekannten Frauen unterwegs zu sein.

Naivität, ironischerweise so oft weiblich konnotiert, stellt für Frauen ein großes Risiko dar. Doch ständig gestresst und auf der Hut zu sein birgt ebenfalls ein großes gesundheitliches Risiko. Das permanente Gefahrenbewusstsein ist eine unfreie Weise, sich in der Welt zu bewegen. Alle weiblich gelesenen Personen wissen das, und fast alle Männer ignorieren es oder zeigen sich erschrocken, entsetzt, fassungslos, wenn sie von Frauen darauf hingewiesen werden. Oder sie wehren sich gegen die Annahme ihrer potenziellen Gefährlichkeit. Unter dem Motto »Nicht alle Männer« wird immer wieder darauf hingewiesen, dass sie zu Unrecht pauschal verurteilt würden. Und das stimmt, nicht alle Männer sind übergriffig. Aber es sind viel zu viele. Die TikTokerin Prithika Chowdhury erklärte es einmal so: »Vor dir sind drei Türen, zwei davon sind sicher. Öffnest du jedoch diese eine Tür, wirst du sterben. Würdest du mit diesem Wissen eine der Türen öffnen?« Es reicht nicht, dass Männer nicht selbst gewalttätig oder übergriffig sind, sie müssen andere davon abhalten. Wer sonst?

Vor einiger Zeit habe ich eine Frau in den Achtzigern vertreten. Sie wurde in ihrer Wohnung von einem Einbrecher überwältigt. Während die Polizeibeamt*innen, die den Mann bei dem Einbruch beobachtet hatten und vor der Haustür darauf warteten, ihn mit Diebesgut auf frischer Tat zu ertappen, sich noch wunderten, wie lange der Mann für seinen Einbruch brauchte, vergewaltigte er meine Mandantin in ihrer Wohnung und verletzte sie schwer. Im weiteren Verlauf des Verfahrens fragten wir die Polizeibeamt*innen immer wieder, wie sie nur auf die

Idee kamen, nicht sofort einzuschreiten, und erhielten die Antwort, dass der Täter bisher nur mit Eigentumsdelikten aufgefallen sei, nicht mit anderen Taten. So schlicht ist es manchmal. Nicht einmal die Ermittlungsbehörden sind hinreichend sensibilisiert, geschweige denn ausgestattet. Symptomatisch für den juristischen und polizeilichen Umgang mit sexualisierter Gewalt war auch folgendes Verfahren: Meine Mandantin wurde im öffentlichen Raum entführt und von mehreren ihr unbekannten Tätern über Stunden hinweg misshandelt und vergewaltigt. Sie war mindestens die zweite Betroffene der Tätergruppe, die Vorgehensweisen ähnelten sich sehr. Einer der Täter war der Polizei schon bekannt, wie sich später herausstellte. Gegen ihn liefen bereits zwei Anzeigen wegen Vergewaltigungen von Frauen, die er im sozialen Nahraum kennengelernt hatte. Eine DNA-Probe hatte er zwar abgegeben, aber sie wurde nicht sofort in die DNA-Kartei eingestellt. Man nahm die ersten beiden Anzeigen auf, bearbeitete sie, aber nicht dringlich. Die Ermittlungsverfahren dümpelten vor sich hin: Weil es sich nur um »einfache Vergewaltigungen« handelte, weil es nur Aussagen der verletzten Frauen gab, weil man aus Ermittlungssicht immer besondere Zweifel an Aussagen von Frauen haben muss, weil man nicht davon ausgeht, dass diese Täter gefährlich sind. Warum auch? Die Täter wurden unterdessen von Mal zu Mal brutaler, es war nur eine Frage der Zeit, bis ein Opfer den Angriff nicht überleben würde.

Eine der verletzten Frauen hatte die Wohnung beschrieben, in die sie gebracht wurde, eine andere das Fahrzeug. Da sie nicht wusste, ob die Wohnung im zweiten oder dritten Stock lag, kam es nicht zu einer Hausdurchsuchung, man wollte nicht Gefahr laufen, die Wohnung von Unverdächtigen zu betreten. Es wurde kein großer Aufwand betrieben, das Auto zu finden, da sich die Verletzte nur einen Teil des Berliner Nummernschildes gemerkt hatte. Der Ermittlungsaufwand lohnte offensichtlich nicht, die

Polizei muss mit ihren Ressourcen sparsam umgehen. Eine dritte Frau, zu Besuch in Berlin, hatte beschrieben, dass sie entführt worden sei, nachdem ihr Freund, der zunächst mit in das Fahrzeug stieg, das man versehentlich als Uber identifiziert hatte, herausgeschmissen worden war. Ihr Freund versuchte, die Polizei zu Sofortmaßnahmen zu veranlassen, aber diese zögerte. Vielleicht hatte sich das Paar ja auch gestritten, handelte es sich um Eifersucht, wollte sich die Freundin einfach mal in Ruhe ohne ihn amüsieren. Als die Betroffene Stunden später aus dem Fahrzeug gelassen wurde, verständigte sie ihren völlig aufgelösten Freund und dann die Polizei. Sie berichtete sofort, dass sie in einem Auto an einem unbekannten Ort vergewaltigt worden sei, sie beschrieb das Fahrzeug. Aber dem zunächst ermittelnden LKA-Beamten kam die Geschichte irgendwie merkwürdig vor, eine solche Dreistigkeit konnte man sich kaum vorstellen, und wie sollte das überhaupt funktionieren, eine Frau in einem Auto zu vergewaltigen? Noch im Krankenhaus, wenige Stunden nach der Tat, forderte er die Betroffene auf, ihm und seinen Kollegen die Tat vorzuspielen. Sie nahmen vier Stühle, stellten sich als Täter zur Verfügung, und los sollte es gehen. Sie weigerte sich. Sie weigerte sich auch, in den folgenden Tagen auszusagen, verließ Deutschland umgehend. Zum Glück war die behandelnde Ärztin professioneller, nahm die erforderlichen Abstriche ab und hatte offene Ohren. Wochen später ging der DNA-Treffer auf, zwei der Täter waren mit denen der weiteren Serie identisch. Als sie Monate später vom Gericht per Video vernommen wurde, berichtete sie nicht nur von der grauenhaften Tat, sondern auch von der traumatisierenden Behandlung durch die Polizei.

Die Realität ist anders, als wir sie im Fernsehen gezeigt bekommen. Es gibt keine hochmodernen Büros, ausgestattet mit aller nur erdenklichen Kriminaltechnik, Ermittlungsteams, die sich gemeinsam um einen einzigen Fall kümmern und so lange nicht ruhen, bis sie die Täter*innen finden. Es werden selten sich einfühlende Psycholog*innen hinzugezogen, die in möglichst ruhiger Atmosphäre und empathisch mit den Betroffenen sprechen. Die Erstvernehmung findet oft in irgendeinem Behandlungsraum in den Notaufnahmen statt; bis sie vernommen werden, warten die Frauen oft Stunden auf den Fluren, dürfen sich nicht waschen, können nicht schlafen, nicht essen. Sie werden häufig mit Misstrauen beäugt. Die Spurensicherung ist oft völlig unzureichend, die Kriminaltechnik dauert Monate. Wenn überhaupt Untersuchungen veranlasst werden, denn Ressourcenknappheit ermittelt immer mit. Die Computer der Verdächtigen von Sexualstraften werden selten beschlagnahmt, noch seltener durchsucht, der Zusammenhang von digitaler und analoger Gewalt wird missachtet. Nicht weil es für erfahrene Kriminalist*innen abwegig wäre, sondern weil keine Kapazitäten dafür geschaffen werden.

Als die Berliner Polizei endlich verstanden hatte, dass es sich nicht um einzelne Vergewaltigungen, sondern um eine Serie handelte, die sie selbst als höchst gefährlich einstufte, wurde nicht etwa eine gut ausgestattete Ermittlungsgruppe eingerichtet, im Gegenteil: Die Sachbearbeiter*innen, die jeweils einen Fall der Serie bearbeitet hatten, mussten sich darauf einigen, wer von ihnen die Verfahren der anderen übernehmen und von nun an weiterermitteln würde. In der Monate später stattfindenden mündlichen Urteilsverkündung sagte die Vorsitzende Richterin der Strafkammer mit außergewöhnlicher Schärfe: »Wir sind überzeugt davon, dass die weiteren Taten hätten verhindert werden können, wenn die Ermittlungsbehörden ordentlich gearbeitet hätten.« Aber so ist es eben: Während sehr viel Kapazitäten in die Bekämpfung der sogenannten Clankriminalität gesteckt werden, in die Verfolgung von Diebstählen und islamistischem Terror, wird bei den Sexualdelikten gespart. So sollen in Berlin zusätzlich zwanzig neue Staatsanwaltschaftsstellen zur Bekämpfung der sogenannten Clankriminalität geschaffen werden. Im Vergleich dazu gibt es in Berlin nur insgesamt siebzehn Staatsanwältinnen der Spezialabteilung »Sexualdelikte«, die von sexuellem Kindesmissbrauch über Kinderpornografie bis zur sexuellen Belästigung Erwachsener und Vergewaltigungen alles zu bearbeiten haben.[82] Warum das so ist? Weil kein Geld, kein Eigentum im Spiel ist, weil es nicht um staatsgefährdende Taten geht. Weil nur die Unversehrtheit weiblicher Körper und Seelen auf dem Spiel steht.

FRAUEN ALS WARE

Sexualisierte Gewalt spielt bei der Verbreitung und Durchsetzung von Frauenhass eine gewichtige Rolle, immer und überall. In bestimmten Kontexten aber, allen voran im Menschenhandel und in kriegerischen Auseinandersetzungen, wütet patriarchaler Hass besonders stark. Die Frage der Legalität von Sexarbeit beschäftigt seit Jahrzehnten die Gemüter und führt auch innerhalb der feministischen Debatten zu heftigen Kontroversen. Die einen verfechten das sogenannte »nordische Modell«, in dem Sexarbeit grundsätzlich verboten ist, die anderen kämpfen für ein bedingungsloses Selbstbestimmungsrecht, das beinhaltet, auch sexuelle Dienstleistungen ausführen zu dürfen. Ich halte, schon aus ganz pragmatischen Gesichtspunkten, nichts davon, Prostitution zu verbieten und zu kriminalisieren. Dies führt, wie zahlreiche Untersuchungen bestätigen, lediglich zu Stigmatisierung, Prekarisierung und mehr Gewalt gegen Sexarbeitende. Wichtig ist es, zwischen selbstbestimmter Sexarbeit und Zwangsprostitution zu unterscheiden. Es geht um die Freiwilligkeit der Arbeit und um die Ausgestaltung der konkreten

Arbeitsumstände. Auch wenn man sich stets gewahr sein muss, dass die Maßstäbe der Freiwilligkeit bei Armut genau zu betrachten sind. Aber das muss man auch bei Personen, die etwa in Großfleischereien, auf den Feldern Europas, als »Hausmädchen«, Leihmütter oder Altenpfleger*innen in Privathaushalten ausgebeutet werden. Wenn Sexarbeit unter Zwang ausgeübt wird oder die Sexarbeiter*innen ausgebeutet und misshandelt werden, dann ist es selbstverständlich richtig, die Täter*innen zu verfolgen und zu bestrafen. Welche Strafen sinnvoll wären, ob langjährige Haftstrafen oder der Entzug aller Finanzen, ist eine andere Fragestellung. Fest steht: Die Täter müssen von ihren Taten abgehalten werden.

Beim Menschenhandel muss man besonders beachten, dass er fast immer im Verborgenen geschieht und so für staatliche Stellen nur schlecht zu entdecken ist. Man spricht von einem Kontrolldelikt, also einem Verbrechen, das nur aufgedeckt wird, wenn man danach sucht. Es braucht daher zahlreiche Möglichkeiten, um mit Sexarbeiter*innen in Kontakt zu treten, Vertrauen zu schaffen, um denen, die unter Zwang arbeiten, Räume zu geben, um unbemerkt über ihre Situation zu sprechen. Das heißt: Scheinbestellungen tätigen, Bordelle aufsuchen, Gesundheitsangebote unterbreiten, effektiven Schutz und Alternativen anbieten. Nur in den seltensten Fällen haben die Betroffenen die Möglichkeit, sich selbst zu befreien, sich gar selbst an die Polizei zu wenden. Sie leben unter der ständigen Aufsicht der Zuhälter*innen, sind diesen aufgrund ihrer Unkenntnis der deutschen Verhältnisse ausgeliefert, werden mit Repressalien gegen sich oder ihre Verwandten bedroht oder mit unmittelbarer Gewalt festgehalten. Manchmal sind es Freier, die auf Bitten der Betroffenen Hilfe leisten. Manchmal melden auch Bordellbetreiber*innen Auffälligkeiten an die Polizei. Dies ist aber nicht die Regel. Viele Frauen berichten, dass sich die Freier bei den Zuhältern beschwert haben, als sie während der Arbeit weinten oder sich weigerten, bestimmte sexuelle Handlungen auszuführen. Die meisten aber können nicht einmal diese minimale Gegenwehr gegen die Zuhälter*innen wagen und müssen schlicht darauf hoffen, irgendwann wie durch ein Wunder »befreit« zu werden. Und das geschieht immer weniger, weil die Polizei auch hier ihre Kräfte reduziert hat. Eine Staatsanwältin sagte mir neulich: »Es ist ganz einfach. Wir haben immer weniger Ermittlungen und damit immer weniger Verfahren, deshalb erhalten wir immer weniger Ressourcen, was wiederum zu immer weniger Ermittlungen führt. Bald wird hier überhaupt nicht mehr ermittelt. Super, dann gilt das Problem mit dem Menschenhandel als gelöst.« Dabei sind die Taten erheblich, in kaum einem Kontext kommen patriarchale Besitzanmaßungen stärker zum Ausdruck. Die Ware Frauenkörper, ausgebeutet, benutzt, weggeworfen. Ich habe schon vielen Angeklagten gegenübergesessen, die, mit allen Attitüden toxischer Männlichkeit ausgestattet, feixend und drohend auf der Anklagebank sitzen. Es macht etwas mit diesen Männern, ungehindert über Frauen zu verfügen, sie zu entmenschlichen, ihre Bedürfnisse zu ignorieren. Frauen werden mit unterschiedlichen Mitteln nach Deutschland gelockt oder in Deutschland angeworben. Ihnen werden Jobs als Au-pair-Mädchen, Hilfslehrerinnen oder in Restaurants versprochen. Viele Betroffene haben mit Hilfe ihrer Familien sehr viel Geld ausgegeben, um ihr Glück in Deutschland zu finden und die Familie im Herkunftsland zu unterstützen. Sie finden sich in Situationen wieder, in denen sie hilflos den Menschenhändler*innen ausgeliefert sind. Diese nehmen ihnen die Pässe ab, gaukeln ihnen vor, sie hätten große Schuldenberge oder könnten jederzeit abgeschoben werden. Manche, oft sehr junge Frauen verlieben sich auch in Männer, die nichts anderes im Sinn haben, als mit ihren Körpern viel Geld zu verdienen. Sie machen sie emotional abhängig und bringen sie dann zur Prostitution, eine Methode, die als »Loverboy-Masche« bekannt ist. Einige Opfer von Menschenhandel werden aber auch in Deutschland »angeworben«, in Unterkünften für Geflüchtete, in Schulen, auf öffentlichen Plätzen. Man muss genau hinsehen, um sie zu identifizieren, ihnen Räume eröffnen, in denen sie geschützt sprechen können. Man findet sie nur, wenn man sie explizit sucht.

Die Frauen arbeiten in solchen Zwangskontexten oft sieben Tage die Woche, auch wenn sie krank sind oder menstruieren. Sie können nicht bestimmen, welche sexuellen Praktiken sie ausüben, welche Freier sie bedienen wollen. Manche haben kleine Mitspracherechte. Die meisten müssen – zwischen 70 bis 100 Prozent ihrer Einnahmen abgeben, bekommen nur ab und an etwas Taschengeld zugesteckt. Ihnen werden angebliche Schulden aufgelistet, die sie erst abarbeiten müssen, bevor sie eigenes Geld erhalten. Aber die Schulden steigen stetig, da sie »kostenlos« wohnen, gefahren werden, die Werbung für sie übernommen wird, sie ernährt werden. Wenn sie nicht funktionieren, werden sie verkauft, wenn sie viel Geld einbringen, laufen sie Gefahr, von anderen Zuhältern, oft mit Gewalt, »abgeworben« zu werden. Ich habe Frauen vertreten, die durch die ganze Republik gehandelt wurden, die ihren eigenen Verkaufsgesprächen beiwohnten. Bestimmen durften sie nichts. »Es fühlte sich an, wie wenn ich ein Stück Fleisch, oder nein, wie wenn ich ein ganzes Schwein wäre. Ich wusste genau, wie viel Geld sie mit mir verdienen können, und bekam selbst nichts.« Viele der Frauen, die sich aus dieser Gefangenschaft befreien konnten, arbeiten erst mal als Sexarbeiterinnen weiter, um Geld für sich oder ihre Familien zu verdienen. Irgendwann hören die meisten aber damit auf, machen Ausbildungen, schlagen sich durch. Eine meiner Mandantinnen hat noch ein paar Monate als selbstständige Sexarbeiterin weitergemacht und ist dann in ihr Herkunftsland zurückgekehrt. Mit dem eingenommenen Geld hat sie sich dort eine kleine Wohnung besorgt und begonnen Psychologie zu studieren. In den Semesterferien kam sie zurück und arbeitete wieder ein paar Monate. Manchmal hat sie mich besucht. Mittlerweile ist sie eine anerkannte Psychotherapeutin und sagt von sich, dass es wohl wenig Abgründe gibt, die sie nicht gesehen hat. Sie behandelt vor allem männliche Manager in der Krise.

Ich habe selten so beeindruckende Frauen getroffen wie ehemalige Menschenhandelsopfer. Die meisten haben gelernt, sich durchzuschlagen, aufzurappeln, an bessere Zeiten zu glauben. Viele haben einen eher verächtlichen, vielleicht auch bemitleidenden Blick auf Männer entwickelt, versuchen die Zeit zu verdrängen, arbeiten später in völlig anderen Berufszweigen. Wenn sie gut aus dem Geschehen herauskommen, dann liegt es oft an der großartigen Arbeit von Hilfsorganisationen, die sich um Opfer von Menschenhandel kümmern. Wenn sie solidarisch, offen und ohne Berührungsängste mit den Frauen zusammenarbeiten, dann finden sich Wege.

Es gibt kaum andere strafrechtliche Verfahren, die widerlicher sind als die Menschenhandel betreffenden. Meist sind es mehrere Angeklagte, die gut zahlen können und mehrere Verteidiger*innen haben. Eine Mandantin sagte einmal im Gerichtssaal: »Sie wissen schon, dass das Geld, das Sie als Verteidiger da drüben bekommen, von mir erarbeitet wurde. Wäre doch eigentlich nur richtig, wenn Sie mir wenigstens etwas Dankbarkeit zeigen würden.« Aber das tun sie nicht. Immer wieder berichten mir Mandantinnen, dass sie den einen oder anderen meiner Kollegen »aus dem Zimmer« kennen. Es scheint die Kollegen aber nicht sonderlich zu sorgen, womöglich erkennen sie »ihre« Prostituierte auch einfach nicht. Eine gewisse Schlüpfrigkeit wabert konstant durch den Gerichtssaal. Ich habe eine solche Aussage meines Kollegen wörtlich mitgeschrieben: »Wenn die angeblich Geschädigte heute noch der Prostitution nachgeht, dann würde ich die Tätigkeit meines Mandanten eher als Ausbildung ansehen. Jetzt verdient sie doch eine ganze Stange, im wahrsten Sinne des Wortes, eine ganze Stange Geld damit.« Schon bei den Taten waren die Frauen Ware, im Gerichtssaal werden sie oft weiter genau als solche behandelt. Freiern wird suggeriert, dass sie Frauen kaufen können, Menschenhändler beanspruchen, sie zu besitzen. Nie geht es um die Frauen, die Sexarbeiterinnen, ihre Bedürfnisse, nur um ihre bestmögliche Verwertbarkeit. Dieser Umgang mit einem Menschen als Ware, als Objekt vermittelt sich bis in die Gerichtssäle. Ich halte viel von guter Strafverteidigung, aber in diesen Verfahren bin ich immer wieder entsetzt über den offen zur Schau getragenen Sexismus vieler Kolleg*innen.

Auch auf der Flucht müssen zahlreiche Frauen sexuelle Dienstleistungen erbringen. Sexarbeit dient als Währung für Transport und Schutz. Je gefährlicher die Fluchtwege sind, je aggressiver die Grenzen nach Europa gesichert werden, desto ausgelieferter sind die fliehenden Menschen dem Willen derer mit Zugang zu Ressourcen. Frauen berichten von »Sexlagern« auf den Transitrouten, von Vergewaltigungen, von Zwangsarbeit. Kaum eine Betroffene zeigt dies später an, wenn sie endlich in vermeintlicher Sicherheit ist. Scham, Angst und soziale Ächtung sind dabei ein Grund für Sorge, Repression durch die Täter ein anderer. Und die Druckmittel sind existenzieller Natur: Angst vor aufenthaltsrechtlichen Konsequenzen, vor Entlassungen, vor Gewalt, Tod oder sozialer Isolation. Letzteres spielt in allen Lebensbereichen eine enorm wichtige Rolle.

Immer wieder suchen junge Frauen meine Beratung auf und berichten mir davon, dass sie von anderen Jugendlichen, von männlichen Klassenkameraden oder jugendlichen Freunden zu Sex gezwungen wurden. Die Taten werden gefilmt, die Handyvideos dienen anschließend als Druckmittel, um Schweigen zu garantieren oder gar um weitere Taten zu erdulden. Viele Betroffene können sich eher vorstellen, wiederholt Taten über sich ergehen zu lassen, als durch Strafanzeigen befürchten zu müssen, dass die eigenen Eltern davon erfahren. Das nutzen die Täter aus. Es ist eines der grundlegenden Probleme, dass die Opfer meist mit sehr viel mehr sozialer Ächtung rechnen müssen als die Täter – eines der Machtinstrumentarien des Patriarchats. Die Betroffenen berichten mir, dass sie auf den Schulhöfen oder den Cafés, in denen sie verkehren, von Unbekannten als Schlampen und Nutten beschimpft werden, nachdem sie vergewaltigt wurden. Während die Täter mit ihren Taten prahlen, werden die Opfer verachtet. Dabei ist nicht nur der empathische Blick auf das große Leid der Opfer wichtig, mindestens genauso dringend wäre es zu betrachten, wie diese Taten überhaupt funktionieren können. Welche gesellschaftlichen, gruppen- wie einzelpsychologischen Mechanismen ermöglichen es einer ganzen Gruppe junger Männer, gemeinsam diese Taten zu begehen? Niemand weigert sich mitzumachen, niemand bricht ab, versucht die anderen abzuhalten. Niemand hilft den Opfern, niemand scheint von Mitgefühl, Gewissensbissen, einem moralischen Kompass geleitet zu werden. Oder gehört es zu der Moralvorstellung der Täter, Frauen vergewaltigen zu dürfen? Was geht in diesen Tätern vor, dass sie einem Mitmenschen solch widerliche, erniedrigende Verletzungen antun können? Warum haben sie keine Angst vor den Konsequenzen, warum schämen sie sich nicht? Womöglich weil sie schon so oft von solchen Taten gehört haben, sie fasziniert im Internet beobachtet haben und in ihren Jahren als männlich sozialisierte Personen gelernt haben, dass sexistische Taten konsequenzlos bleiben. Weil sie immer und immer wieder erfahren haben, dass sich Männer nehmen können, was sie wollen.

In der Erniedrigung von Frauen eine eigene Wertsteigerung zu erfahren ist nur in einer Gesellschaft vorstellbar, die auf Ungleichheit beruht. In einer Gesellschaft, in der Männlichkeit mit Macht verbunden ist, mit Deutungshoheit, ökonomischer und politischer Macht, ist sexualisierte Gewalt als Ausdruck von Potenz nur vordergründig verboten. Im Alltag kann sie wertsteigernd genutzt werden. Selbstverständlich werden Vergewaltigungen, gerade Gruppenvergewaltigungen, verurteilt. Wenn sie denn bewiesen werden. Und das ist schwierig, häufig steht das Wort einer Verletzten gegen das mehrerer Beschuldigter.

Betroffene sprechen oft von Schockstarren, dass sie gar nichts mehr sagen konnten, sich nicht gewehrt haben, alles über sich ergehen ließen. Beschuldigte, Verteidiger, Staatsanwaltschaften und Gerichte machen aus dieser Schockstarre gerne das Argument, dass die Beschuldigten nicht erkennen konnten, dass die Betroffenen die sexuellen Handlungen nicht wollten. Klar. Eine weibliche Jugendliche, mit acht männlichen Jugendlichen. In irgendeinem Keller. Auf einer dreckigen, hingeworfenen Matratze. Da muss man nicht feinfühlig sein, um von einem entgegenstehenden Willen auszugehen, wenn die Jugendliche nichts sagt, sich nicht wehrt, nur weint, erstarrt. Ich habe schon viele Einstellungsbescheide in solchen Verfahren gelesen. Manchmal weiß ich kaum, wie ich es den Mandantinnen erklären soll. Ich befürchte, sexistische Verhaltensweisen und sexualisierte Gewalt wird gegen Frauen schon im Jugendalter ausgeübt, um zu erproben, wie man Macht ausübt, um zu fühlen, wie es ist, Macht zu haben, andere zu benutzen. JJ Bola schreibt: »Von früh auf benutzen wir Aggressionen zur Sozialisierung und Mannwerdung. Männliche Aggressivität verfestigt Hierarchien. Sie gibt uns zu verstehen, wer in einer Gruppe der Stärkere ist, ohne dass es zu einem Kampf kommen muss. Dadurch entsteht eine Hackordnung, die auch mit gewissen stereotyp männlichen Eigenschaften einhergeht, wie etwa Stärke anstatt zum Beispiel Nettigkeit oder Empathie, die öfter mit Weiblichkeit in Verbindung gebracht werden.«[83]

DER WEIBLICHE KÖRPER IM KRIEG

Auf besonders brutale Weise zeigt sich dies in kriegerischen Auseinandersetzungen. Aus Berichten derer, die sich mit sexualisierter Gewalt in kriegerischen Auseinandersetzungen beschäftigen, geht hervor, dass die Vergewaltigungen von Frauen, Mädchen, homosexuellen und trans Menschen der Versicherung eigener männlicher Überlegenheit dient. Sie ist Symbol der Erniedrigung des Gegners, der »seine« Frauen und Kinder nicht schützen kann. Als strategische Kriegswaffe wird sexualisierte Gewalt auch zum Zweck ethnisch motivierter Vertreibungen oder Auslöschung eingesetzt. Sexualisierte Kriegsgewalt ist ein Mittel politischer Unterdrückung. Sie hat in der Regel das Ziel, den Gegner zu zermürben, emotional zu besiegen, zu spalten und zu demütigen. Überlebende werden ausgegrenzt und stigmatisiert.[84] Vergewaltigungen und sexualisierte Gewalt werden aus allen Kriegen berichtet, sie spielen in allen politischen Auseinandersetzungen eine entscheidende Rolle. Laut den Vereinten Nationen gibt es Hinweise, dass sexuelle Misshandlungen durch russische Soldaten in der Ukraine systematisch und als Kriegswaffe eingesetzt werden. Die Wissenschaftlerin Marta Havryshko berichtet aus der Ukraine: »Das jüngste heute bekannte Opfer ist ein vierjähriges Mädchen, ihre Eltern wurden vor ihren Augen vergewaltigt und später wurde sie vor den Augen ihrer Eltern vergewaltigt. Die ältesten Frauen sind achtzig plus. Wir haben auch eine Menge betroffener Männer. Das sind Männer, die kastriert wurden oder verschiedene Formen von genitaler Gewalt erlitten haben«.[85] Auch im Iran wird sexualisierte Gewalt systematisch eingesetzt, um Widerstand zu brechen. Die Ärztin und Journalistin Gilda Sahebi schreibt: »Sexuelle Gewalt als Mittel der Unterdrückung ist kein Zufallsprodukt der Islamischen Republik, sie ist fundamentaler Teil der Ideologie. Frauen, die sich für Freiheitsrechte einsetzen, Frauen, die sich gegen die Zwangsverschleierung wehren oder sie ablehnen, sind Freiwild. Vergewaltigung und sexuelle Gewalt sind in diesem Weltbild legitime Instrumente.«[86] Monica Hauser, eine der Gründerinnen von Medica Mondiale, beschrieb in einem Podcast, wie systematisch und stark die Stigmatisierung der von sexualisierter Gewalt Betroffenen weltweit ist, bis hin dazu, dass sie aus der Gemeinschaft ausgestoßen werden, in manchen Regionen sogar keine Nahrung oder medizinische Unterstützung mehr erhalten.[87] An anderer Stelle sagte sie, dass in patriarchalen Gesellschaften den Frauen die Schuld zugeschoben werde, denn sie hätten die »Ehre« der Männer und ihrer Familien verletzt.

Sexualisierte Gewalt ist überall auf der Welt, in allen kriegerischen Auseinandersetzungen ein bewusst eingesetztes Mittel der Kriegsführung, ein Instrument der Unterdrückung, ein Mittel zur Machtaneignung und -bewahrung. Ganze Generationen an Frauen sind traumatisiert, leiden unter den Auswirkungen und sind zum Schweigen gezwungen.[88]

IM TAXI, IN DER PHYSIO, IM BÜRO

Während in Kriegen Sinn und Zweck der Ausübung sexualisierter Gewalt geradezu offensichtlich ist, ist die häufig vorkommende sexualisierte Gewalt in anderen Bereichen nicht unmittelbar nachzuvollziehen. Womöglich verfolgt sie nicht stringent bestimmte Ziele, ist nur Ausdruck der Möglichkeit, über die Körper von Frauen zu verfügen. Dies zeigt sich etwa in Situationen, in denen Betroffene ihren eigenen Schutz aufgeben, da sie darauf vertrauen (müssen), dass ihr Gegenüber ihnen nicht schaden will. Die Fälle, in denen dieses Vertrauen ausgenutzt wird, landen bei mir. Eine Staatsanwältin aus einem Sonderdezernat Sexualdelikte sagte neulich zu mir: »Wissen Sie, ein paar Sachen kann ich seit meiner Tätigkeit einfach nicht mehr machen. Das ist Taxifahren und eine Physiotherapie. Ich hoffe nur, dass ich nie einen Bandscheibenvorfall haben werde.« Es geht um Übergriffe während ärztlicher Behandlungen, in Psychotherapien, während polizeilicher Vernehmungen, in Taxis, in Einrichtungen der Behindertenhilfe. Monika L., die wegen starker Schmerzen im Ellbogen einen Physiotherapeuten aufsuchte, beschrieb Folgendes: »Selbstverständlich habe ich mich bis auf die Unterhose ausgezogen, als die Behandlung losging. Er war mir als begnadeter Physiotherapeut empfohlen worden, ich hatte durch das viele Training einen Tennisarm. Ich habe mich schon gewundert, warum er plötzlich an meinem Bauch herumknetete, aber was weiß denn ich. Er sagte irgendwas von Chakren und Bahnen, die ins Fließen kommen müssten. Ich sollte meine Augen schließen und einfach mitspüren. Das ging dann immer weiter nach unten, und ich dachte irgendwann, komisch, ist das noch in Ordnung? Bis er dann mit seinem Finger unter meine Unterhose gegangen und in mich eingedrungen ist.« Monika L. ist nicht aufgesprungen, hat nicht um Hilfe gerufen oder den Physiotherapeuten angebrüllt. Sie hat so getan, als wäre das, was er getan hat, das Selbstverständlichste von der Welt, hat die weitere »Behandlung« über sich ergehen lassen, sich angekleidet, freundlich das Kassenrezept unterschrieben und einen neuen Termin vereinbart. Auch der Therapeut und Täter verabschiedete sich professionell freundlich und distanziert und verwirrte damit ihre Wahrnehmung. »Erst als ich draußen war, habe ich zu zittern begonnen und dann an der nächsten Ecke gekotzt.« Viele Betroffene berichten mir, dass sie sich erst nicht sicher waren, ob die Berührungen des Arztes oder Physiotherapeuten Teil der Behandlung sind. Denn die Täter tarnen sie noch während des Übergriffs als solche, kommentieren neutral und fachlich ihr Vorgehen. Wenn der Arzt oder Physiotherapeut dann plötzlich die Brustwarzen drückte, den Schambereich berührte oder in die Scheide oder den Anus eindrang, wenn er sie plötzlich küsste oder umarmte, seinen Penis an ihnen rieb oder stöhnte, erstarrten viele der Betroffenen. »Es war auf eine so perfide Art gewalttätig, so bedrohlich für mich. Ich dachte nur noch, wie komme ich hier lebend heraus. Obwohl er zu keinem Zeitpunkt gedroht oder Gewalt ausgeübt hat.«

Ich habe Frauen vertreten, die Opfer ihrer Psychotherapeuten wurden, die ausgenutzt haben, dass ihre Klientinnen aufgrund ihres massiven Leidendrucks alles getan hätten, was die Therapeuten empfahlen. Oft sind es Frauen, die in ihrer Kindheit sexualisierte Gewalt erlebt oder andere traumatische Erfahrungen gemacht haben, die unter Depressionen oder posttraumatischen Störungen leiden, die besonders dem Zugriff der Therapeuten ausgeliefert sind. Standesrechtliche Regeln verbieten durch das sogenannte Abstinenzgebot nicht umsonst, jeglichen sexuellen Kontakt zu Patient*innen. Tatsächlich aber kommen gemäß Dunkelfelduntersuchungen hierzulande jährlich circa 300 bis 600 sexuelle Übergriffe in Therapien vor. Dabei sind Frauen weit öfter betroffen als Männer.[89] Nach einer anonymen Befragung von Therapeut*innen in den USA haben 10 Prozent der Psychotherapeuten angegeben, sexuelle Handlungen mit Patient*innen ausgeführt zu haben.[90] Mandantinnen berichten mir, dass die Therapien oft unauffällig begannen, sie Vertrauen aufgebaut haben. Manche meiner Mandantinnen haben sich in ihren Therapeuten verliebt, was in der Psychotherapie ein häufig vorkommendes Phänomen darstellt. Es sind, wie so oft, schleichende Prozesse, die Täter haben Zeit. Sie behaupten etwa, die Betroffenen müssten lernen, Nähe zuzulassen, sich berühren zu lassen. Sie »proben« mit ihren Klientinnen Umarmungen, Küssen, Streicheln. Manche Mandantinnen wurden jahrelang jede Woche während ihrer Therapiesitzung sexuell missbraucht und merkten erst spät, dass der Missbrauch sie zu vernichten drohte und der Therapeut sie immens beschädigt hatte. Andere schaffen es, die Therapie sofort zu beenden. Doch kaum ein Opfer sexualisierter Übergriffe in der Psychotherapie macht eine Anzeige. Ich berate Betroffene über Jahre hinweg über die Frage der Anzeigenerstattungen, oft können sie diesen Schritt nicht wagen. Sie wissen, wie instabil sie durch die Therapie geworden sind. Einmal habe ich miterlebt, wie eine meiner Mandantinnen in einem Gerichtssaal so von der Stimme des angeklagten Therapeuten getriggert wurde, dass sie einen Nervenzusammenbruch erlitt, der in einer monatelangen stationären Behandlung endete. Kaum eine Betroffene kann sich später noch therapeutische Hilfe suchen. Wem kann man auch noch vertrauen, wenn einer, der professionell zur Hilfe befähigt sein soll, das Vertrauen missbraucht?

Verfahren dieser Art sind äußerst schwierig zu führen, da die Mandantinnen in der Regel schwer traumatisiert und in besonderem Maß an die Täter gebunden sind. Bestreitende Beschuldigte nutzen ihr psychologisches Fachwissen und ihr spezifisches Wissen über die therapierte Person aus, um die Betroffenen zu diskreditieren. Sie zeigen sich bestürzt und verweisen darauf, dass sich ihre Patientin ja nicht umsonst an sie gewandt habe, sie habe ganz offensichtlich eine psychische Störung. Wenn sich Betroffene einmal zu Anzeigen durchringen, erleben sie, dass die Taten selten angeklagt werden. Zu einer Anklage kommt es eigentlich nur, wenn es nicht die erste Anzeige gegen den Therapeuten ist. Das wiederum kommt nicht zu selten vor. Oft erkläre ich Mandant*innen, dass ihre Anzeigen womöglich nicht zu einer Anklage führen werden, aber dann jedenfalls vermerkt ist, dass es schon einen Übergriff gab. Wenigstens ein Vermerk in der Akte der Ärzt*innen- oder Psychotherapeut*innenkammer. Die Beschwerden bei den berufsständischen Kammern bleiben in der Regel auch ergebnislos, maximal werden die Täter mit lachhaft geringen Zahlungen belegt, die sie gut verkraften können. Dass ihnen die Approbation entzogen wird, ist äußerst selten. In einer groß angelegten europäischen Recherche zu sexualisierter Gewalt im Medizinbetrieb aus dem Jahr 2021 kamen die Journalistinnen zu dem Ergebnis, »dass Ärzte immer wieder geringe Strafen erhalten, selten verurteilt werden und oft weiter praktizieren dürfen. Die Recherchen zeigen auch, dass Behörden versagen, weil sie aufeinander warten, statt zu handeln. Und dass sich an diesem strukturellen Problem seit Jahren fast nichts ändert.«[91] Sie schreiben auch, dass sich die Fälle in vielerlei Hinsicht unterscheiden, sich in einem Faktor aber alle decken: Es handelt sich ausschließlich um männliche Täter.

Es sind ganz überwiegend Männer, die als Arbeitgeber mit Entlassungen drohen, Männer, die als Regisseure über Sichtbarkeiten entscheiden, Männer, die als Hochschullehrer protegieren oder fallen lassen, Männer, die als Politiker Mitarbeiterinnen in prekären Abhängigkeitsverhältnissen halten, Männer, die sexuell ausbeuten. Kein berufliches Feld bildet eine Ausnahme. Machtmissbrauch gibt es zwar auch durch Frauen, sexualisierte Gewalt aber fast ausschließlich von Männern. Wie könnten Frauen sich organisieren, Schutz erhalten, die Gefahr bannen? Audre Lord schreibt von der Illusion weißer Frauen, sich mit dem Patriarchat zu verbünden: »Wenn du gut genug bist, hübsch genug, lieb genug, ruhig genug, wenn du deine Kinder anständig erziehst, die richtigen Leute hasst und den richtigen Mann heiratest, kannst du dich mit dem Patriarchat arrangieren und in relativer Sicherheit leben – zumindest, bis ein Mann deinen Job will oder du dem Vergewaltiger von nebenan in die Arme läufst. Natürlich fällt es schwer, sich daran zu erinnern, dass der Kampf gegen die Entmenschlichung ein endloser ist – es sei denn, man ist persönlich betroffen und lebt und liebt in einem Schützengraben.«[92]

Die vielen hier versammelten Beispielsfälle sollen zeigen: Sexualisierte Gewalt kommt überall vor, aber ganz besonders da, wo es Macht gibt. Dort können sich die Täter nämlich noch sicherer sein als andernorts. Sie wissen, dass sie aufgrund ihrer Stellung geschützt sind und notfalls Möglichkeiten haben, ihre Opfer zu diskreditieren. So ist es zum Beispiel nicht verwunderlich, dass gerade Frauen mit körperlicher oder mentaler Beeinträchtigung besonders häufig sexualisierte Gewalt erleben müssen. Wenn sie noch dazu in betreuten Einrichtungen leben, haben sie häufig nicht die Möglichkeiten, sich zur Wehr zu setzen oder auch nur zu äußern. Sie haben keinerlei Zugang zum Recht. Täter nutzen das aus. Sie machen sich Strukturen zunutze, die die Privat- bzw. Intimsphäre der dort lebenden Frauen einschränken, was in vielen betreuten Wohneinrichtungen der Fall ist. Viele körperlich oder psychisch beeinträchtigte Frauen sind auf die Hilfe und Pflege ihres Umfeldes angewiesen und diesen Personen schutzlos ausgeliefert.[93] Beratungsstellen, Kontrollen und Aufklärungsarbeit für Betroffene sind äußerst rar.[94]

Es liegen viele Studien und Statistiken vor, Berichte über die katastrophalen Auswirkungen sexualisierter Übergriffe auf einen Großteil unserer Bevölkerung. Dass es sich nicht um tragische Randphänomene handelt, wurde zur Genüge demonstriert. Warum geschieht so wenig im Kampf gegen sexualisierte Gewalt? Weshalb ist die Scham der Betroffenen immer noch größer als die Angst der Täter? Die Autorin Carolin Emcke fordert, dass wir endlich eine Kultur schaffen müssen, in der sich kein Opfer sexualisierter Gewalt mehr für das schämen müsse, was ihr widerfahren ist, sondern allein die Täter*innen. Wie richtig. Und wie weit sind wir davon entfernt.

UNANTASTBAR

Gern wird behauptet, das Schlimmste, was einen Mann treffen könnte, sei die falsche Anschuldigung eines sexuellen Übergriffs. Ja, es ist schädlich, falsch und zu verurteilen, Personen einer Straftat zu bezichtigen, wenn dies nicht zutrifft. Selbstverständlich gibt es Fälle, bei denen Beschuldigte einer Sexualstraftat zu Unrecht belastet wurden, zu Unrecht sogar in Untersuchungshaft gekommen sind und später freigesprochen wurden. Das gibt es in allen Deliktsfeldern und ist, wenn die Beschuldigten tatsächlich unschuldig waren, für sie und ihr Leben tragisch. Sie werden minimal entschädigt, und manche leiden viele Jahre unter den Nachwirkungen dieser Erfahrung. Einem System, das mit Strafen auf Delikte reagiert, ist dies immanent, immer wird es auch zu falschen Inhaftierungen und Verurteilungen kommen, und es ist Aufgabe des Justizsystems, die Freiheit der Einzelnen nur nach ihnen sicher nachgewiesenen Straftaten zu beschränken. Es gibt bei Sexualdelikten nicht mehr Falschbeschuldigungen als bei anderen Delikten, die Verurteilungsquote von Frauen, die falsch Sexualdelikte angezeigt haben und deshalb wegen falscher Verdächtigung verurteilt werden, unterscheidet sich nicht signifikant von denen in anderen Bereichen. Vor allem aber ist an dem Mythos, dass einem Mann nichts Schlimmeres als der Vorwurf sexualisierter Gewalt widerfahren kann, nichts dran. Es stimmt eben gerade nicht, dass ein Mann, der mit diesen Vorwürfen konfrontiert wird, tatsächlich nie wieder rehabilitiert würde. Zahlreiche prominente Fälle beweisen das Gegenteil: Sogar wenn die Täter verurteilt werden, bleibt ihnen oft Solidarität sicher. Ein gutes Beispiel hierfür ist der Fall des Pianisten und Hochschulprofessors Siegfried Mauser. Jahrelang gab es Gerüchte um sexualisierte Übergriffe durch ihn, sie wurden hingenommen. Bis er angezeigt und 2016 erstmalig wegen sexualisierter Gewalt verurteilt wurde. Nach der Verurteilung traten einige in der Öffentlichkeit stehende Persönlichkeiten zu seiner Ehrenrettung an und veröffentlichten Leser*innenbriefe in der *Süddeutschen Zeitung*. So schrieb Hans Magnus Enzensberger: »Damen, deren Avancen zurückgewiesen werden, gleichen tückischen Tellerminen. Ihre Rachsucht sollte man nie unterschätzen. Sie wissen sich der überforderten Justiz virtuos zu bedienen. Der Rufschaden, den sie bei dem, der sie verschmäht hat, anrichten können, ist beträchtlich.« Der Klavierfabrikant Udo Schmidt-Steingräber sprach von »Mechanismen, die an Hexenverfolgung erinnern«, und für den früheren Hanser-Verleger Michael Krüger war das Urteil »eine Blamage für die Justiz«, und er fährt fort: »Nichts, aber auch gar nichts in den letzten zwanzig Jahren, die ich Herrn Professor Mauser kenne, lässt eine solche ehrenrührige Unterstellung zu.«[95] Mauser wurde in letzter Instanz zu einer Haftstrafe von zwei Jahren und neun Monaten verurteilt. Selbst als das Urteil rechtskräftig war, versuchte man seine Taten, die erhebliche Angriffe gegen die sexuelle Selbstbestimmung darstellten, zu relativieren. In einer Festschrift zu seinem 65. Geburtstag am 3. November 2019 gratulierten ihm 38 Autor*innen aus der Kultur- und Musikszene. Auf seine Verurteilungen wegen sexualisierter Gewalt kam man nur insofern zu sprechen, als es im Vorwort hieß: »Seine Visionen und sein unbändiger Tatendrang, die ansteckende Spontanität und begeisternde Vitalität haben ihm manche Kritik eingetragen – und sein bisweilen die Grenzen der bienséance überschreitender weltumarmender Eros hat für ihn schwerwiegende rechtliche Folgen gehabt.«[96] »Weltumarmender Eros« – eine intellektuell verbrämte Umschreibung, eine Legitimation von sexuellen Nötigungen im Kunstbetrieb. Ein Signal an alle, die es wagen sollten, entsprechendes Verhalten anzuzeigen: Stellt euch nicht so an! Das gehört dazu! Wie unkreativ ihr doch seid!

Ähnlich ist der Fall von Luke Mockridge. Die Ex-Partnerin des Komikers hatte, ohne seinen Namen zu nennen, geäußert, dass sie von einem Ex-Freund sexualisierte Gewalt erlebt hatte. Eine riesige Social-Media-Debatte wurde über den Fall losgetreten, der *Spiegel* schrieb nach aufwendigen Recherchen einen Artikel zu den Vorwürfen und fand mehr als zehn Frauen, die sagten, Mockridge sei ihnen gegenüber übergriffig gewesen.[97] Mockridge schaffte es, einen Teil der Berichterstattung rechtlich anzufechten, und zog sich kurzfristig aus dem Showgeschäft zurück. Kurzfristig. Nach ein paar Monaten Pause verkündete er sein Comeback, füllt mittlerweile wieder riesige Veranstaltungssäle und tritt im Fernsehen auf. Er und seine Fans machen sich lustig über die Vorwürfe und verhöhnen die Frauen, die sie erhoben haben.

Es ist schwierig mit der Verdachtsberichterstattung in Deutschland. Frauen, die über sexualisierte Gewalterfahrungen berichten, müssen ständig Sorge haben, dass am Ende sie es sind, die mit horrenden Schmerzensgeldforderungen, Häme und Hass überzogen werden. Die Urteile sind deutlich, die Botschaft klar – wagt es nicht, über sexuelle Gewalt zu sprechen; solange kein rechtskräftiges Urteil vorliegt, schweigt. Und sollte es doch ausnahmsweise einmal zu einer Verurteilung kommen, dann wird öffentlich behauptet, dass es sich um einen Justizskandal handle, die Richter*innen manipuliert worden seien. In jedem Fall hätten die Opfer keinen legitimen Grund für ihre Anzeige, sie wird als Akt der eigenen Genugtuung, der Verunglimpfung des Täters bezeichnet und damit delegitimiert.

Ohnehin handelt es sich bei sexuellen Dingen immer um eine Privatsache, das hat in der Öffentlichkeit nichts zu suchen. Damit wird das Schweigen auch juristisch durchgesetzt, die Kultur des Schweigens abgesegnet. Es ist offensichtlich, dass investigativer Journalismus obsolet wäre, wenn er ausschließlich über Tatsachen berichten dürfte, die rechtskräftig erwiesen sind. Seriöser investigativer Journalismus will nicht Gerüchte verbreiten und Menschen leichtfertig diskreditieren, er will und muss Missstände aufzeigen. In kaum einem Feld ist dies so schwierig wie bei der Berichterstattung über sexualisierte Gewalt.

Vielleicht ändert sich hier endlich etwas. Langsam. So urteilte das Oberlandesgericht Hamburg im Dezember 2022 in einer Entscheidung, in der es um Verdachtsberichterstattung über den Galeristen Johann König ging: »Wenn denn in einem Bereich des öffentlichen Lebens eine Vielzahl von Vorwürfen solcher Art gegen eine Person laut werden, besteht daran ein Interesse der Öffentlichkeit, das über die Befriedigung bloßer Neugier hinausgeht und auf die Erlangung echter Informationen gerichtet ist. Dieses Interesse zu befriedigen sind die Presse und die anderen Publikationsorgane im Grundsatz berechtigt.«[98] Was aber auch hier wieder gelungen ist: Die öffentliche Debatte geht nur noch über das Für und Wider der Berichterstattung, nicht mehr über Taten, Täter und Opfer. Es sind Ablenkungsmanöver, die immer und immer wieder funktionieren.

Nicht nur in Deutschland können sich Männer, denen sexualisierte Gewalt vorgeworfen wird, recht sicher sein, dass ihnen wenig passiert. Man denke nur an die US-amerikanischen Richter am Obersten Gerichtshof Brett Kavanaugh und Clerance Thomas, an Donald Trump, Jair Bolsonaro und Wladimir Putin. Gegen alle wurden oder werden Vorwürfe über sexualisierte Gewalt erhoben, alle wurden dennoch gewählt. Sie treten im Rahmen ihrer Möglichkeiten für die Abschaffung von Frauenrechten ein, sei es, indem sie das Recht auf legale Schwangerschaftsabbrüche abschaffen, Rechte von Homosexuellen einschränken oder häusliche Gewalt bagatellisieren. Sie prahlen mit ihrer aggressiven Männlichkeit, und das kommt an. Putin sprach schon vor dem Angriffskrieg auf die Ukraine davon, »die Ukraine zu vergewaltigen«, und genauso meinte er es auch. Bolsonaro sagte 2003 bei einer Wahlkampfveranstaltung zu der Abgeordneten Maria do Rosário Nunes von der linken Partei der Arbeitenden: »Ich würde Sie nie vergewaltigen, das verdienen Sie nicht.« Dann schubste er sie und nannte sie »Schlampe«. Später wiederholte er diese Äußerungen und musste dann etwas Schmerzensgeld zahlen. Seinem Aufstieg ins Präsidentenamt schadete es nicht.[99] Von diesen Typen geht die Botschaft aus, dass sich Männer nehmen können, was sie wollen. Niemand wird sie zur Rechenschaft ziehen, und alle, die es wagen, sie zu beschuldigen, werden es teuer bezahlen. Und so bitter es ist – die Vorwürfe beweisen letztlich, dass sie »richtige Männer« sind, sie steigern in gewissen Zusammenhängen sogar noch ihr Ansehen.

Kurz flammte Hoffnung auf, dass sich daran etwas nachhaltig ändern könnte. Als 2017 nach der Aufdeckung der jahrelang verübten sexualisierten Gewalt durch Harvey Weinstein der Hashtag #MeToo viral ging, mit dem Betroffene öffentlich zeigten, dass auch sie Opfer sexualisierter Gewalt geworden sind. Die Phrase »Me too« geht auf die Aktivistin Tarana Burke zurück, die 2006 in dem sozialen Netzwerk MySpace dazu aufrief, die Empathie für afroamerikanische Frauen zu fördern, die Erfahrungen mit sexuellem Missbrauch gemacht hatten. Innerhalb weniger Stunden wurde der Hashtag millionenfach geteilt. Frauen aus unterschiedlichsten Lebenszusammenhängen begannen von ihren Gewalterfahrungen zu berichten. Prominente Schauspielerinnen wagten es erstmalig, sich an die Öffentlichkeit zu begeben und über sexualisierte Gewalt im Arbeitskontext zu berichten. Einige sehr prominente Männer wurden verhaftet, manche sogar verurteilt. Beratungsstellen wurden eingerichtet. Es wurde öffentlich darüber diskutiert, was längst alle wussten: dass es auch in der Filmindustrie massenhaft zu sexuellen Übergriffen kommt. Aber es blieb auch hier nur bei einigen wenigen herausragenden Fällen. Die meisten Beschuldigten, wie beispielsweise Dustin Hoffman, Woody Allen oder Ben Affleck, konnten sich halten. Schwamm drüber, es sind ja hervorragende Filmschaffende, Künstler. Man muss die Künstler von ihrer Kunst trennen, es sind schließlich nur wenige »Einzeltäter«. Wo kämen wir sonst hin? Müssen künftig alle Kunstschaffenden bis in ihre intimsten Handlungen überprüft werden? Sollen nur noch Frauen Regie führen, schauspielern, musizieren? Alle marginalisierten Gruppen kennen diese Vorwürfe, die Mär von der Cancel-Culture, die denen, die nur das Beste präsentieren, den Erfolg vermiesen will. Warum wussten es eigentlich schon immer alle, wenn endlich einmal ein »Missbrauchsskandal« aufgedeckt wird? Warum hat niemand etwas gesagt? Häufig waren es offene Geheimnisse. Alle sahen die angespannten jungen Frauen in seiner Nähe, die Praktikantinnen, die nach Schönheit und Gefügigkeit ausgesucht wurden, die Hand auf dem Hintern oder an den Brüsten. Machtmissbrauch geschieht nicht im Verborgenen, sondern am Set, beim Casting, beim Dreh, an der Hotelbar, unter den Augen vieler. Es werden Partys gefeiert, bei denen neben reichhaltigen Essens- und Drogenangeboten auch Frauen zur Verfügung gestellt werden, Karrieren nur ermöglicht, wenn sexuelle Verfügbarkeiten geboten werden. Und ja, es handelt sich großteils um erwachsene Frauen mit eigenen Entscheidungsmöglichkeiten und -fähigkeiten. Um am Leben teilzuhaben, gehen Frauen ständig Risiken ein, auch wenn sie um die Gefahren wissen. Aber wie frei sind ihre Entscheidungsmöglichkeiten in diesen konkreten Situationen wirklich, wie kommt man an den Mächtigen vorbei oder mit ihnen voran, wenn sie übergriffig werden? Einfach einen anderen Regisseur, Vorsitzenden, Geschäftsführer, Bereichsleiter suchen? Es woanders probieren, in einem Sektor, in dem es keine Übergriffe gibt? Wo bitte? Auch Männer müssen häufig Kompromisse eingehen, wenn sie Karrieren machen wollen, Aufträge annehmen, die unterbezahlt sind, unangemessen oder gar ausbeuterisch. Aber die Variante, dabei sexualisierte Gewalt zu erleben, gibt es nur selten, und auch dann sind die meisten Täter Männer. Die Preise für Erfolg und Selbstverwirklichung sind für Frauen oft besonders hoch. Warum fragt sich eigentlich niemand, was mit diesen Männern los ist? Sie müssen doch merken, dass es ausschließlich ihre Macht ist, die es ihnen trotz mangelndem Intellekt, Charme, Eros ermöglicht, diese Frauen zu gebrauchen. Ist Macht wirklich sexy? Hinter diesem Narrativ verbirgt sich ein misogynes Frauenbild. Macht gibt den Mächtigen Möglichkeiten, über andere zu verfügen, sie ist potenziell zerstörerisch. Wissen diese Täter wirklich nicht, wie viele Frauen sich vor ihnen ekeln, sich nach den sexuellen Handlungen blutig waschen, Jahre später noch traumatisiert sind und sich selbst dafür schämen, sich nicht gewehrt, mitgemacht zu haben? Sie müssen es wissen, aber es kümmert sie nicht.

FALSCHE FEMINISTEN

Dass es in einer so von Macht und Sexismus geprägten Welt wie der Filmbranche zu sexualisierter Gewalt kommt, überrascht nicht. Doch was nur die wenigsten Unbetroffenen wahrhaben wollen, ist, dass es schlicht keinen sozialen Raum gibt, der mit Männern geteilt wird und der frei ist von dieser Art der Übergriffe. Selbst in Umgebungen, in denen man eigentlich erwarten würde, dass sexualisierte Gewalt nicht nur tabuisiert, sondern auch verhindert wird, in denen Frauen geschützt und Attribute der Männlichkeit kritisch bewertet werden, muss damit gerechnet werden. In Zusammenhängen, in denen Solidarität großgeschrieben wird, die sich politisch links, gar als feministisch bezeichnen. 2018 deckte die Journalistin Patrizia Schlosser auf, dass bei dem linksalternativen Musikfestival Monis Rache unzählige heimliche Videoaufnahmen auf Frauentoiletten getätigt und diese getauscht, verkauft und auf Pornoplattformen veröffentlicht wurden. Es folgten Berichte von dem linken Festival Fusion. Der Täter kam aus den eigenen Reihen, lebte in einem alternativen Hausprojekt. In der linken Szene wurde schnell sichtbar, wie unprofessionell und betroffenenfeindlich eigene Versuche der Aufarbeitung abliefen. Vor allem aber wurde deutlich, dass auch diese Räume keineswegs gewaltfrei für Frauen sind. Ähnlich verhielt es sich mit sexualisierter Gewalt in der Partei der LINKEN, in verschiedenen Hausprojekten und in anderen politischen Zusammenhängen.

Marie war in einer politischen Gruppe aktiv, in der gemeinsam gegen den Klimawandel gekämpft wurde. Sie ist häufig zu Demonstrationen, Besetzungen, Camps und größeren Treffen gefahren. Oft hat sie bei ihren Mitstreiter*innen übernachtet, bei Menschen, die sie aus den gemeinsamen Kämpfen kannte. Menschen wie Tobias. Er war beliebt, schlau und mutig. Er genoss großes Ansehen, war engagiert und verlässlich. Marie fand ihn toll, auch wenn ihr sein ausgeprägtes Engagement gegenüber den jüngeren weiblichen Aktivistinnen manchmal etwas merkwürdig vorkam »Ich konnte das nicht so richtig fassen, es war wie so eine leichte Alarmglocke im Hintergrund. Ich habe sie ignoriert. Wo ich schon wieder überall Gefahren sah.« Eines Abends hat sie neben ihm auf einem Matratzenlager geschlafen, es waren noch andere im Raum, sie lag an der Wand. Als sie erwachte, spürte sie, dass er mit einem Finger in ihre Vagina eingedrungen war. Sie hörte, dass er onanierte. Erschrocken und angeekelt stellte sie sich schlafend. Irgendwann war er fertig und ließ von ihr ab. Wären am nächsten Morgen auf ihrem Hintern nicht klebrige Spermaspuren gewesen, hätte sie geglaubt, dass es ein schlechter Traum war. »Ich bin ins Bad gegangen und habe mich übergeben. Dann habe ich lange geduscht. Ich habe mir erst einmal nichts anmerken lassen, ihn nicht konfrontiert, es niemandem erzählt. Er war beim Frühstück wie immer, lustig und aufgeräumt. Es war mir unendlich peinlich, ich habe mich so geschämt.« Marie hat Wochen gebraucht, bis sie mit einer Freundin über die Vergewaltigung gesprochen hat. Vorher hatte sie versucht, mit Tobias eine Klärung herbeizuführen, wollte, dass er sich entschuldigt. Sie schrieb ihm zehn Tage nach der Tat: »Was Du getan hast, war nicht ok. Es geht mir schlecht. Ich möchte, dass Du Dich dazu verhältst.« Er antwortete: »Oje, was meinst Du? Ich war sicher, dass du das auch wolltest. Wenn es für Dich im Nachhinein nicht in Ordnung ist, tut es mir schrecklich leid. Was kann ich Dir Gutes tun?« Es folgte ein längerer Chat, er war zunächst offen, einfühlsam, freundlich, sprach jedoch nie konkret über seine Tat. Auf Forderungen, er solle die Räume verlassen, in denen sie sich bewegt, er solle sich entschuldigen und ihr mitteilen, ob er auch anderen Frauen gegenüber übergriffig gewesen sei, reagierte er zunächst ausweichend, im Laufe der Zeit zunehmend abwehrend. Letztlich schrieb er: »Liebe Marie, ich weiß nicht, was los ist. Ich habe nichts Falsches gemacht. Ich habe auch schon die anderen gefragt, ob ihnen irgendetwas an Dir aufgefallen ist, aber niemand hat etwas bemerkt. Vielleicht überbewertest Du hier irgendetwas. Lass mich einfach in Ruhe. Ich wünsche Dir alles Gute.« Ehe Marie sichs versah, hatte Tobias schon Mitstreiter*innen gefunden, die sich mit ihm solidarisierten. Tobias verbreitete eine Version, in der sie beide eines Nachts miteinander rumgemacht hätten, einverständlich. Offenbar käme sie nicht damit klar, dass er ihr schon am nächsten Morgen zu verstehen gegeben hatte, dass er nichts weiter von ihr wollte. Während ihm Vertrauen geschenkt wurde, wurde ihr misstraut, ihre Geschichte immer und immer wieder infrage gestellt und er in Ruhe gelassen. Die Geschichte endete damit, dass Marie und ihre Freundin die Gruppe verlassen haben. Tobias macht wahrscheinlich weiter.

Womöglich tut er es nicht in dieser Gruppierung, vielleicht wechselt er an einen anderen »Schaffensort«, geht in Clubs, Bars, sucht Kontexte, in denen man »traditionell« sexuell übergriffig sein darf. Ich kann nicht mehr zählen, wie oft mir von übergriffigen Situationen bis hin zu schweren Vergewaltigungen in Berliner Clubs berichtet wurde. Erst sehr langsam werden Sicherheitskonzepte für diese Orte erarbeitet, die speziell vor sexualisierter Gewalt schützen sollen. Es gestaltet sich schwierig, denn das Versprechen der Clubs ist nicht nur gute Musik, kalte Getränke und eine Vielzahl an Drogen, sondern auch »Begehren«, »Lust«, »Abenteuer« und »Spaß«. Aber um wessen Spaß, wessen Begehren soll es da gehen? Schön wären Clubs, in denen sich alle sicher fühlen könnten, in denen Menschen abstinent oder betrunken sein können, sicher Drogen nehmen und einverständlichen Sex miteinander haben. Wenn man aufeinander achtet und die Clubbetreiber*innen ordentlich für Sicherheit sorgen. Tatsache ist aber, dass Clubbetreiber*innen eben auch damit Geld verdienen, dass sich manche Menschen in ihren Clubs in Gefahr begeben und oft nicht mehr in der Lage sind, sich zur Wehr zu setzen. Frauen wird geraten, niemals ein Getränk unbeaufsichtigt stehen zu lassen, nur aus nicht unbeobachtet geöffneten Gefäßen zu trinken, da die Gefahr, K.-o.-Tropfen zugeführt zu bekommen, zu hoch ist. K.-o.-Tropfen machen willenlos, Sprache und Bewegung funktionieren weiterhin. Ich habe sehr viele Frauen vertreten, die plötzlich irgendwo aufgewacht sind, neben wildfremden Männern, die Blutergüsse und Hämatome hatten, deren Vagina schmerzte. Da die Substanzen nur sehr kurz im Körper nachweisbar sind, ist es für die meisten Betroffenen am nächsten Tag nicht mehr möglich, den Nachweis der Substanzen zu erbringen. Wenn dies aber einmal gelingt, fehlt fast immer der Beweis dafür, dass die Person, die später anwesend ist, auch die ist, die das Medikament zugefügt hat. Außerdem können die Betroffenen die Taten kaum beschreiben. Nur äußerst selten werden mit K.-o.-Tropfen verübte Taten verurteilt. Für die Betroffenen ist dabei gerade das Fehlen der Erinnerung sehr belastend. Oft wissen sie nur, dass etwas mit ihnen getan wurde, sprechen ihre Körper dafür, dass es sexuelle Handlungen gab. »Ich habe diese Gefühle, aber kein Wissen.«

Beim Münchner Oktoberfest wurden 2022 55 Sexualdelikte, davon drei Vergewaltigungen angezeigt. »Wie viele Übergriffe und sexualisierte Gewalt abseits der angezeigten und geahndeten Delikte passierten, bleibt wie so oft bei sexualisierter Gewalt im Dunkeln.«[100] Ähnliche Angriffe werden auch von anderen Volksfesten berichtet, von jeder Ansammlung vieler Menschen. Bei großem Alkohol- und anderem Drogenkonsum steigt die Anzahl der sexualisierten Gewalt, Männer in Gruppen sind besonders gefährlich. Es gehört offensichtlich zum kulturellen Erbe, zum ausgelassenen Feiern dazu, Straftaten gegen Frauen zu begehen. Für Frauen, so wie für alle Menschen, die von Rassismus betroffen sind, sind Volksfeste, Ansammlungen von (alkoholisierten) Männergruppen, eine Gefahr. Für non-binäre Personen oder trans Personen braucht es keine größeren Ansammlungen oder Volksfeste, sie sind im öffentlichen Raum immer besonders gefährdet, Opfer von Sexualdelikten zu werden. Denn es scheint eine allgemeine Sexualisierung von Transgeschlechtlichkeit bzw. eine sexualisierte Wahrnehmung von trans Personen verbreitet zu sein, die zur Folge hat, dass die Hemmschwelle zu sexualisierten Übergriffen bei Täter*innen sinkt. Bei einer Befragung zum LSBTI*-Monitoring in Berlin 2022 gaben zwei Drittel der befragten Transpersonen (66 %) an, in den vergangenen fünf Jahren Gewalterfahrungen gemacht zu haben, fast die Hälfte (48,2 %) im vergangenen Jahr. Sie haben mehrfach Fälle sexualisierter Gewalt, überwiegend im öffentlichen Raum auf der Straße oder auch in öffentlichen Verkehrsmitteln erlebt. Bei Täter*innen scheint ein hypersexualisierender Blick auf trans Personen zu bestehen.[101]

EINE KULTUR DER STRAFLOSIGKEIT

Nirgends sind Frauen vor dem Hass und der Gewalt des Patriarchats sicher, nicht beim Arzt, nicht im Club, nicht im Büro, nicht auf der Straße und erst recht nicht zu Hause. Dort werden sie nicht nur misshandelt, viele erleben durch »ihren Liebsten« auch sexualisierte Gewalt. Sexualisierte Gewalt kommt in den meisten gewalttätigen Beziehungen häufig vor. Oft erzählen Betroffene von der sexualisierten Gewalt aber erst sehr viel später, deuten in meiner Beratung erst nach zahlreichen Treffen zaghaft an, dass da »doch mehr« gewesen sei, aber das sei sehr privat, oder dass »im Bett auch nicht immer alles in Ordnung« war. Die meisten Frauen, die mir erst spät von den sexuellen Übergriffen berichten, zeigen nie an. Zu groß ist die Scham, die Überzeugung, dass man ihnen nicht glauben würde, der Ekel, das Geschehene noch einmal in Worte fassen zu müssen, die eigenen Schuldgefühle, es ertragen zu haben. Diejenigen, die doch anzeigen, erfahren in den Verfahren leider genau das: Schuldzuweisungen, Unglauben, Retraumatisierung. Sie können über sexualisierte Gewalt noch weniger sprechen als über die körperliche Gewalt, weil sie dafür noch mehr stigmatisiert werden. »Ich kann von allem erzählen. Von dem schrecklichen Autounfall, davon, dass mich jemand ausgeraubt hat, dass meine Eltern mich zur Adoption freigegeben haben. Von allem eigentlich. Aber nicht davon, dass ich von meinem Mann vergewaltigt worden bin. Dann werde ich komisch angesehen. Entweder man glaubt mir nicht, oder ich bin das ewige Opfer. Oder ich bin selber schuld, dass ich mir diesen Mann ausgesucht habe. Oder er hatte halt sexuelle Bedürfnisse, das müsse man verstehen. Oder, oder, oder. Nichts davon kann ich ertragen.«

Frauen werden von ihren Partnern oder anderen Familienmitgliedern vergewaltigt. Oft auch als Strafmaßnahme. So wie Frauen in kriegerischen Auseinandersetzungen vergewaltigt werden, um den Gegner zu entmächtigen, so reglementiert der Ehemann seine Frau, wenn er seinen Willen durch Vergewaltigungen durchsetzt. Er nimmt sein Recht wahr, manifestiert es, indem er gegen ihren Willen in sie eindringt, »sie sich nimmt«. Erst seit 1997 ist die Vergewaltigung in der Ehe in Deutschland strafbar. Vergewaltigungen gab es bis dahin rechtlich nur außerehelich, innerhalb der Ehe gehörten die »ehelichen Pflichten« dazu. Sexualisierte Gewalt konnte allenfalls als Nötigung oder Körperverletzung bestraft werden, das Schutzgut der sexuellen Selbstbestimmung wurde mit der Eheschließung zugunsten des Ehegatten aufgegeben. Gegen die Gegenwehr vieler, fast ausschließlich männlicher Bundestagsabgeordneter, wie etwa Horst Seehofer oder Friedrich Merz, wurde das »außerehelich« 1997 gestrichen. Und es hat bis 2016 gedauert, dass sexuelle Handlungen auch dann strafbar wurden, wenn keine direkte körperliche Gewalt, qualifizierte Drohung oder die Ausnutzung einer schutzlosen Lage vorlag.

Eine geradezu perfide Rechtsprechung hatte sich im Laufe

der Jahre entwickelt, die immer ausgefeilter Schlupflöcher fand, Taten gegen die sexuelle Selbstbestimmung als nicht strafbar einzustufen. Das führte zur Straflosigkeit unzähliger sexualisierter Übergriffe. Deshalb hat der Bundesverband für Frauenberatungsstellen und Frauennotrufe (bff) 2014 unter meiner Mitwirkung eine Studie verfasst, in der zahlreiche Fallkonstellationen beispielhaft aufgezeigt wurden.[102] Unter dem Titel »Was Ihnen widerfahren ist, ist in Deutschland nicht strafbar« werden unter anderem folgende Taten gelistet:

- Taten, bei denen Betroffene klar und deutlich Nein gesagt hatten, die Täter dies auch verstanden, aber dennoch sexuelle Handlungen durchführten. Es ging um Konstellationen, bei denen die Täter weder mit dem Tod drohten noch Gewalt ausübten. Typische Konstellationen also, bei denen Betroffene aus unterschiedlichsten Gründen sich nicht entziehen können, bei denen die Täter bewusst übergriffig sind.
- »Überraschungstaten«. Gemeint sind damit unerwartete Angriffe, wie etwa der plötzliche Griff von hinten in der U-Bahn unter den Rock, an die Vagina.
- Taten ohne qualifizierte Drohung. D. h., Drohungen wie, wenn du keinen Sex mit mir hast, werde ich deine Katze töten, dich entlassen, dich abschieben lassen.
- Taten, bei denen Menschen in der Nähe waren, die Frauen aber nicht um Hilfe geschrien haben, weil sie es entweder für aussichtslos hielten oder es sich um ihre Kinder handelte, weil sie sich schämten, weil sie keine Kraft dazu hatten.

Wir haben nur Fälle aufgezeigt, bei denen es keine Beweisfragen gab, das Problem also nicht war, dass man den Anzeigenden nicht geglaubt hätte, sondern bei denen das Gesetz nach Ansicht der Rechtsprechung in den Taten keine Straftaten sah. Die Studie erlangte große Aufmerksamkeit und Anerkennung und wurde umgehend von Strafverteidigungsverbänden beschossen. Sie befürchteten eine Einschränkung der »freien Liebe«, »der freien Menschen« – und der Freiheit ihrer künftigen Kunden.

Obwohl es massive Gegenwehr konservativer Politiker gab, musste sich die deutsche Gesetzgebung aufgrund der Ratifizierung der Istanbul-Konvention damit auseinandersetzen, nicht einverständliche Sexualkontakte unter Strafe zu stellen, sonst hätte man rasch ein Konventionsverfahren zu befürchten gehabt. Zunächst wehrten sich viele vehement gegen eine Modernisierung des Sexualstrafrechts, allen voran männliche Abgeordnete der CDU. Dies änderte sich jedoch nach der »Köllner Silvesternacht« schlagartig, in der es zu zahlreihen sexualisierten Übergriffen gekommen ist. Denn diese Vorfälle konnte man »Fremden« zuschreiben. Plötzlich sah man ein, dass das Sexualstrafrecht völlig ungeeignet war, um deutsche Frauen zu schützen, und forderte allseits eine schnelle Änderung des Strafrechts. Die bittere Wahrheit ist, dass die umfassende Änderung des Sexualstrafrechts in das Prinzip »Nein heißt Nein« nicht nur der jahrzehntelangen Arbeit zahlreicher Feminist*innen und Opferverbänden geschuldet ist, sondern dem manifesten Rassismus vieler Abgeordneter. Dennoch ist das Gesetz ein Fortschritt. Weil nunmehr rechtlich alle sexualisierten Handlungen verurteilt werden können, die gegen den erkennbaren Willen der betroffenen Person verübt wurden. Ein Fortschritt, wenn man daran glaubt, dass Strafrecht etwas bewirken kann. In der forensischen Praxis gibt es aber weiterhin riesige Probleme. Sexualisierte Gewalt ist ein Phänomen, das nur in den seltensten Fällen verurteilt wird. Man schätzt, dass nur ungefähr 10 Prozent der Betroffenen von sexualisierter Gewalt Anzeige erstatten, von diesen angezeigten Fällen werden lediglich circa 8 Prozent verurteilt. Um es noch einmal auszubuchstabieren: Von tausend Sexualdelikten werden acht verurteilt.

Dieses erschreckende Verhältnis liegt unter anderem daran, dass so viele Betroffene niemals anzeigen. Aus Gründen der Scham, Angst, Sorge, dass ihnen nicht geglaubt wird oder sie stigmatisiert werden, Furcht vor Repressalien, Kraftlosigkeit, mangelnder Unterstützung und nicht zuletzt der schweren Traumatisierung. Betroffene, die anzeigen, machen dies häufig nicht unmittelbar nach den Taten, sondern später. Sie brauchen Zeit, um für sich selbst zu sortieren, was ihnen widerfahren ist, um sich damit auseinanderzusetzen, zu akzeptieren, dass sie Opfer geworden sind, und herauszufinden, wie sie damit umgehen wollen oder können. Sie brauchen sehr viel Unterstützung, Solidarität und Mut, die Taten zu offenbaren. Oft wird ihnen dies in den Verfahren angelastet. »Ach, Sie haben erst gar nicht verstanden, dass es eine Vergewaltigung war? Sie mussten das erst mit Ihren Freundinnen abklären, mit dem Therapeuten? Aber der Beschuldigte soll es sofort verstanden haben?«

Ermittlungs- und Strafverfahren sind weiterhin von Annahmen geprägt, die in der einschlägigen Literatur als »Vergewaltigungsmythen« bezeichnet werden. Vorannahmen, wie etwa, dass ein »echtes« Vergewaltigungsopfer schnell anzeigt, sich sofort von dem Täter trennen würde, dass Vergewaltigungen körperliche Spuren hinterlassen müssen, dass Vergewaltigungsopfer nach der Tat keinen befriedigenden Sex mehr haben könnten, dass Frauen Sexualdelikte anzeigen, weil sie dadurch Vorteile hätten, weil sie sich rächen wollten, wie sie ihrem Ehemann den eigenen Seitensprung erklären müssten. Dass sie einvernehmliche Sexualkontakte hinterher bereuten und das Geschehen deshalb später umdefinierten. Der Fantasie sind keine Grenzen gesetzt. Es sind Vorurteile, wissenschaftlich fundiert sind sie nicht. Aber sie fallen auf fruchtbaren Boden, wenn Menschen über Sachverhalten zu entscheiden haben, über die sie kein fundiertes Wissen besitzen. In den Medien sowieso, aber auch in den Gerichtssälen. Ich kann die Einstellungsbescheide der Staatsanwaltschaften nicht mehr zählen, die Verfahren, in denen sich nicht die Mühe gemacht wurde, richtig zu ermitteln, Argumente zu hinterfragen, genau hinzusehen. In denen pauschal mitgeteilt wird, dass es sich um Aussage-gegen-Aussage-Konstellationen handle und nicht entscheidbar wäre, welcher Aussage zu folgen sei. Das einfache Bestreiten oder Schweigen des Beschuldigten reicht, ein paar dahingeworfene Sätze der Verteidigung über ein mögliches Alternativgeschehen führen oft dazu, dass die Staatsanwaltschaft keine Möglichkeit sieht, das Verfahren weiter zu betreiben. Für viele Opfer ein Schlag ins Gesicht, für die Ermittlungsbehörde der effizienteste Weg. Es ist weniger aufwendig, Verfahren einzustellen, als Anklage zu erheben. Ich kenne Staatsanwält*innen, die selbst verzweifeln an der Praxis ihrer Behörden, die völlig unzureichende Ermittlungen bemängeln und von Frauenverachtung am Arbeitsplatz und in der Justiz sprechen. Ich spreche mit Polizeibeamt*innen in den Sonderdezernaten, die hinter vorgehaltener Hand einhellig berichten, dass sich die Situation hinsichtlich der Sexualdelikte in den letzten Jahrzehnten stetig verschlechtert habe, sie nur unzureichend ausgestattet werden und oft entsetzt sind, dass ein großer Teil ihrer Verfahren »mit schlanker Hand« eingestellt wird. »Eigentlich arbeite ich zu einem großen Teil einfach nur für den Mülleimer. Auf meine kriminalistische Erfahrung hören sie nicht.«

Eine Besserung der Umstände scheitert aber eben nicht nur an individuellem Desinteresse oder mangelndem Einsatz, es gilt, tiefe systemische Probleme zu überwinden. Unter der Last viel zu vieler Verfahrenseingänge leiden gerade die Sonderdezernate bei Polizei und Staatsanwaltschaft. Wer nicht, wie einige wenige, herausragendes Interesse und Engagement mitbringt, fügt sich dem Zeitdruck. Der Rechtsstaat will finanziert und ausgestattet sein; gibt es keine Ressourcen, geht es auf Kosten der Gerechtigkeit. Entscheidungstragende steuern, welche Wertigkeit welche Delikte haben sollen, was verfolgt wird und was keine Priorität hat. Sexualstrafverfahren benötigen zur Aufklärung hochqualifizierte Polizeibeamt*innen und Staatsanwält*innen, sie brauchen Zeit, psychologische und kriminologische Fähigkeiten, verfügbare Kriminaltechnik und selbst psychologische Unterstützung. Wer den ganzen Tag in den Abgründen menschlichen Handelns herumwühlt, braucht ein gutes Team, Supervision, angemessene Freizeit und einen freien Kopf. Dafür wird nicht gesorgt. Ermittler*innen stoßen häufig auf Richter*innen, die ihnen mit Ignoranz begegnen, ihre Ermittlungen nicht ordentlich zur Kenntnis nehmen und keine Ahnung von Sexualdelikten haben. Richter*innen können vorurteilsbehaftet und unbelehrbar, an Fortbildungen nicht interessiert sein. Allzu oft sind sie mit diesen Verfahren überfordert. Sie kommen nicht zurecht mit Verteidiger*innen, die in diesen Verfahren jedes Maß und jeden Respekt gegenüber Zeug*innen verloren haben, und schaffen es nicht, angemessen darauf zu reagieren. Ich erlebe, dass Verteidiger*innen lachen, während meine Mandantinnen von schweren Sexualdelikten berichten, dass sie sie geradezu genüsslich über alle Details in ihrem sexuellen Vorleben befragen, keinen Lebensbereich auslassen, um die Zeugin zu verunsichern oder bloßzustellen. Während die Zeug*innen häufig über Stunden hinweg unter der Strafandrohung der falschen Verdächtigung bei falschen Angaben detailreich aussagen, bestreiten die anwaltlich vertretenen Beschuldigten in der Regel pauschal oder geben nach Akteneinsicht von ihren Verteidiger*innen wohlformulierte Einlassungen ab. Kleinste Widersprüche in den Aussagen der Betroffenen hinsichtlich zeitlicher Abfolgen, Abwehrmaßnahmen o. Ä. werden zum Anlass genommen, die Aussagen als unglaubhaft zu klassifizieren und die Opfer zu diskreditieren. Jeder Mensch hat ein Recht auf Verteidigung, und es muss erlaubt sein, kritische Fragen zu stellen und den angeklagten Sachverhalt zu hinterfragen, aber die Grenze muss dort verlaufen, wo Zeug*innen respektlos gegenübergetreten wird, wo Fragen gestellt werden, die nichts mit der Sache zu tun haben, wo versucht wird, sie rhetorisch zu verunsichern, wo Zeug*innen retraumatisiert werden. Das *sollte* Standard sein.

Dabei gab es in den letzten Jahren einige strafprozessuale Errungenschaften, wie die psychosoziale Prozessbegleitung oder die regelhaften Videovernehmungen in Ermittlungsverfahren, die sekundäre Viktimisierungen verhindern sollen. Während der Gesetzgeber durchaus erkannt hat, welche Verantwortung gegenüber von (sexualisierter) Gewalt betroffenen Personen von staatlicher Seite aus besteht, scheint dieses Wissen bisher kaum Eingang in die Gerichte gefunden zu haben. So werden viele Betroffene sexualisierter Gewalt immer noch in Anwesenheit der Angeklagten befragt. Weil Richter*innen es besser finden, die Zeugin direkt zu befragen, um zu sehen, »wie sie sich verhält, wenn die Angeklagten dabei sind, wie sie auf diese reagiert. Wenn sie zusammenbricht, dann ist das doch gut, dann haben wir doch diese Erkenntnis gewonnen.« Wenn Betroffene Angst haben, höre ich oft den Satz: »In meinem Gerichtssaal ist sie sicher.«

Ist sie das wirklich? Ist sie sicher vor dem Zischen, den Beleidigungen, den vernichtenden Blicken? Kann sie nicht bedroht werden beim Betreten des Gerichtsaals, in der Schlange am Eingang? Wer kann garantieren, dass sie nicht verfolgt wird, wenn sie das Gebäude verlässt? Es wäre rechtlich so einfach, die direkte Konfrontation in der Hauptverhandlung zu vermeiden, man könnte Betroffene einfach stets per Video vernehmen. Aber bisher geht dies strafprozessual nur, wenn eine akute Gefahr für das Wohl der Zeug*in besteht, wenn sie in Anwesenheit der Angeklagten aussagt. Welcher Erkenntnisgewinn ist durch eine Konfrontation zwischen Opfern und Tätern zu erwarten? Inwiefern schadet es der Aufklärung, wenn Betroffene außerhalb des Gerichtssaals an einem anderen Ort sitzen und für alle im Gerichtssaal gut sichtbar und verständlich sind? Gar nicht, sieht man einmal von der laienpsychologischen Ansicht ab, die im Gerichtssaal zu spürende Dynamik könnte Aufschluss über die Tat- und Schuldfrage geben. Was tatsächlich bei einer Videovernehmung auf der Strecke bleibt, ist die Möglichkeit der Einflussnahme und Angstmache, die Möglichkeiten der Verunsicherung durch Zischen, Lachen, Handzeichen, Räuspern, Weinen. All dies aber dient nicht der Wahrheitsfindung, sondern allein dem Freispruchinteresse der angeklagten Person.

Die wenigen Opferrechte, die in den vergangenen Jahren eingeführt wurden, werden durch immer neue Einfälle der Rechtsprechung, Opferrechte zu verringern, zunichtegemacht. Wie etwa die Praxis vieler Gerichte, den Anwält*innen der Betroffenen die Akteneinsicht zu verwehren. Konkret heißt es, dass die Anwält*in der verletzten Person sich, anders als die anderen Verfahrensbeteiligten, nicht anhand des Akteninhaltes auf die Verhandlung vorbereiten kann und damit nicht überprüfen kann, ob etwa der Anklage der richtige Sachverhalt zugrunde liegt, welche Zeug*innen was gesagt haben, welche Beweismittel nicht oder nur unsachgemäß ausgewertet wurden, inwiefern Missverständnisse bestehen oder ob falsche Beweise vorgelegt wurden. Argumentiert wird von der Rechtsprechung damit, dass die Wahrheitsfindung beeinflusst würde, wenn Nebenklagevertreter*innen nach Gewährung der Akteneinsicht mit ihren Mandant*innen die Akte studieren würden. Dann wäre nicht mehr zu überprüfen, ob die Zeug*innen aus eigener Erinnerung berichten oder den Akteninhalt wiedergeben würden. Nach einer Entscheidung des Berliner Kammergerichts aus dem Jahr 2021 sollen die Betroffenen nicht einmal aussagepsychologische Gutachten über sich selbst einsehen dürfen,[103] auch das schade der Wahrheitsfindung.

Zur Veranschaulichung: In einem Sexualstrafverfahren wird ein aussagepsychologisches Gutachten beauftragt. Ein*e Zeug*in unterwirft sich den angeordneten umfassenden psychologischen Untersuchungen, weiht die Sachverständige in intimste Details, psychische Erkrankungen oder Dispositionen ein, erzählt von Vorbeziehungen und anderen traumatischen Ereignissen. Sie lässt sich auf eine testpsychologische Untersuchung ein, unterzieht sich einem Intelligenztest, wird zur Phantasiebegabung und anderen Dingen befragt, wird umfassend zum Tatgeschehen exploriert. Stunden dauern diese Begutachtungen, manchmal mehrere Tage. Sodann erstattet die sachverständige Person ein vorläufiges schriftliches Gutachten und reicht dies zur Akte. Alle Verfahrensbeteiligten können es einsehen, die Verteidiger*in liest es, die angeklagte Person kann eine Kopie davon nach Hause mitnehmen – aber die Zeugin selbst und ihre Anwält*in, die erhalten es nicht. Sie werden dadurch zum Objekt degradiert, haben ihre Interessen vollständig dem staatlichen Strafanspruch unterzuordnen. Wie muss es sich anfühlen, wenn alle die Ergebnisse kennen, aufmerksam die Atteste vorheriger Therapeut*innen, Krankheitsbilder, Suizidversuche studieren und jedes noch so intime Detail kennen, nur die Person, die es angeht, weiß nicht, was dort geschrieben steht? Ich halte solche Entscheidungen nicht nur für unsinnig und bin überzeugt, dass gut ausgebildete Richter*innen unterscheiden können, welche Aussagen einstudiert sind und welche auf der Wiedergabe von Erinnerungen beruhen. Vor allem halte ich sie für opferschädigend. Opfer von Sexualdelikten beschreiben, wie ohnmächtig sie während der Verfahren waren, ausgeliefert, herabgewürdigt. Über sie wurde verfügt. Solche Entscheidungen setzen das

Trauma fort, nicht selten sind die Verfahren für die Betroffenen schlimmer als die Taten selbst.

VIEL RAUM FÜR VERACHTUNG

Ob es Zufall ist, dass solche Entscheidungen vor allem im Sexualstrafrecht getroffen werden? Ich denke, nein. Sieht es in anderen Verfahren, in denen es um geschlechtsbezogene Gewalt geht, besser aus? Nein, nicht wirklich. Und wie verhält es sich mit Verfahren, in denen es um andere menschenverachtende Praktiken geht, rassistische Taten, queer-feindliche Taten, ableistische Taten? Ist es da anders? Nein, auch nicht. Gerichte sind voll von misogynen und sexistischen Umgangsweisen, oft unhinterfragt, womöglich unreflektiert. Auch von rassistischen, LSBTI-feindlichen Annahmen, von Ableismus und Klassismus. Derzeit finden keine marginalisierten Gruppen hier Gerechtigkeit. Es ist kein Teil der juristischen Ausbildung, sich mit Diskriminierungsformen auseinanderzusetzen, es gibt keine Fortbildungsverpflichtungen für Richter*innen. Die richterliche Unabhängigkeit ist ein hohes Gut, die richterliche Verpflichtung, ihren Job mit der notwendigen Qualifikation zu bestreiten, wird ihnen selbst überlassen. Es darf nicht verwundern, dass menschenverachtende Vorurteile in der Richter*innenschaft genauso vertreten sind wie in allen anderen Bevölkerungsteilen auch, vielleicht sogar ein wenig mehr. Es sollte nicht verwundern, dass patriarchale Strukturen in der von jeher konservativen Juristerei besonders verhaftet sind. Erstaunlich ist eigentlich vor allem der ungetrübte Glaube in den Rechtsstaat und dessen Unabhängigkeit und moralische Integrität. Wie oft höre ich von Mandant*innen, dass sie notfalls bis vor das Bundesverfassungsgericht zögen, die würden es schon richten. Schön wäre es. Ob der Rechtsstaat aus feministischer Sicht reformierbar ist, ob es tatsächlich möglich sein wird, Sexismus, Rassismus und sonstige Menschenfeindlichkeit justiziell zu bekämpfen, weiß ich nicht. Aber in Zeiten, in denen noch keine anderen Formen der Aufarbeitung existieren und der Rechtsstaat von rechts angegriffen und demontiert wird, gibt es wohl keine Alternative, als es zu versuchen. Ganz sicherlich hilft ein funktionierender, an Kriterien der Gerechtigkeit agierender Rechtsstaat nicht allein im Kampf gegen patriarchale Macht, aber es braucht ihn auch.

Sexualisierte Gewalt wird ähnlich selten geahndet wie Polizeigewalt. Ist dies vergleichbar? Es ist offensichtlich, dass Ermittlungsbehörden ein manifestes Interesse daran haben, ihre eigenen Mitarbeitenden zu schützen und Richter*innen den Glauben in diejenigen, die auch für sie die wichtigsten Zeug*innen sind, nicht verlieren dürfen. Aber weshalb die Täter*innen von Sexualdelikten schützen? Ich werde häufig gefragt, ob ich Betroffenen dazu rate, Strafanzeigen zu erstatten. Und ich antworte immer, dass ich es nicht entscheiden kann. Es spricht viel dafür, Anzeigen zu erstatten. Für die Statistik, um ein Geheimnis zu lüften, um den Täter*innen Angst zu machen, sie polizeibekannt zu machen und ja, vielleicht auch um sie zu bestrafen, sie aus dem Verkehr zu ziehen. Und es spricht viel dagegen. Meine Aufgabe ist es, den Betroffenen möglichst genau zu erklären, was in einem solchen Verfahren auf sie zukommt, damit sie selbst entscheiden können, was für sie der beste Weg ist. Es ist niemals in der Verantwortung der Verletzten, die Täter zur Rechenschaft zu ziehen, auch wenn sehr viele Anzeigen aus diesem Gefühl heraus von Betroffenen erstattet werden. Ich erlebe in Gerichtssälen, was sich auch gesamtgesellschaftlich stark ausbreitet. Die Annahme, es wäre nun endlich mal genug mit den Opferdiskursen, es herrsche doch flächendeckend Gleichberechtigung, was sich nicht zuletzt daran zeige, wie viele weibliche Richterinnen es mittlerweile gebe. Frauen wüssten, dass sie gefährliche Situationen vermeiden müssen, es sei ein Leichtes, sich an Beratungsstellen zu wenden und Schutz zu erhalten. Eine »Opferindustrie« kümmere sich umfassend um angeblich Betroffene und es gehöre geradezu zum guten Ton, selbst einmal Gewalt erfahren zu haben. Manche Richter*innen treten gar für die Rettung der »Freiheit in zwischenmenschlichen Beziehungen« ein und meinen damit, sexuelle Freiheiten der Angeklagten. Verfahren bei sexueller Belästigung und häuslicher Gewalt werden häufig ohne Gerichtsverhandlungen gegen geringe Geldauflagen eingestellt. Es scheint nicht einmal erforderlich, den Tätern durch Gerichtsverhandlungen den Ernst ihrer Taten zu vergegenwärtigen.

Ich kann nicht sagen, ob es für die Betroffenen heilsam ist, wenn Täter verurteilt werden. Ich erlebe, wie traumatisierend es für sie sein kann, wenn die Verfahren eingestellt oder die Täter freigesprochen werden. Wichtig ist, dass die Betroffenen gut vorbereitet sind, und deshalb ist es unabdingbar, vorher klarzustellen, dass die Wahrscheinlichkeit der Konsequenzlosigkeit für die Täter sehr viel höher ist als deren Verurteilung. Viele Betroffene verstehen im Laufe der Verfahren, wie wehrhaft das Patriarchat ist, auch wenn sie es vielleicht nicht so benennen würden. Mit erstaunlichem Langmut ertragen viele, dass die ihnen angetane Straftat rechtlich nicht verfolgt wird. Dass niemand, auch nicht diese staatliche Stelle, das ihnen widerfahrene Unrecht anerkennt. Meine Mandant*innen und ich lesen Einstellungsbescheide oft gemeinsam, und dabei erlebe ich eine Bandbreite an Emotionen: Wut, Trauer, Ärger und Fassungslosigkeit. Es ist meine berufliche Verantwortung, Betroffene durch diese Verfahren zu begleiten und dafür zu kämpfen, dass den Taten angemessene Konsequenzen folgen. Ich halte wenig von langjährigen Haftstrafen, denn nur selten verlassen die Täter die Gefängnisse als geläuterte Personen. Stattdessen wünsche ich mir Entscheidungen, die Rechtsfrieden schaffen, die das erfahrene Leid der Betroffenen anerkennen, die auf Entschädigungen zielen und auf Verhaltensänderungen der Täter, auf ein Ende der Gefahr durch diese. Obwohl ich diesen Beruf nun schon seit beinahe dreißig Jahren ausübe, bin ich immer wieder überrascht, mit welcher Stärke und welchem Mut die Betroffenen trotz ihrer tiefen Versehrtheit ausgestattet sind. Ich habe gelernt, dass das, was ihnen wirklich hilft, ein solidarisches Umfeld ist und gute, rasche und hochprofessionelle Unterstützung. Mely Kiyak, die in ihrem Buch *Frausein* von einem Angriff durch einen fremden Mann in einer Telefonzelle berichtet, schreibt: »Es wäre ein Leichtes – und sicher auch richtig – die Sache mit politischen Begriffen abzuhaken. Die bekannten Kategorien richten den Scheinwerfer immer auf das Hauptgeschehen in der Bildmitte: Im Beisein eines Publikums schlägt ein Mann eine Frau. Zuschauer und Mitwisser wenden sich ab. Erst wenn man den Blick zum äußeren Bildrand spazieren lässt, sieht man eine einzelne Frau, die in Hausschuhen zu Hilfe eilt. Die Reihe der Freundinnen in Gedanken abschreitend, fällt mir die Häufung von Freundinnenschaften in Verbindung mit Komplizinnenschaft auf. In jede Krise ging ich allein rein und kam mit einer Freundin wieder raus.«[104] Mely Kiyak schreibt, dass sie das Ereignis durch die Solidarität der Freundin schnell überwinden konnte, und dies entspricht all meiner Erfahrung.

Es bedarf Sicherheit, Verständnis, Vertrauen und Solidarität. Diese wird bei sexualisierter Gewalt meist verweigert und führt dazu, dass die Betroffenen sich zurückziehen, die Täter weitermachen können. Das chilenische Kollektiv LASTESIS schreibt in seinem feministischen Manifest: »Was wir bezeugen, wird immer infrage gestellt, ist immer strittig, zweifelhaft, nie reicht es aus. Die Unschuldsvermutung mäht unsere Wahrheit nieder.

Dass der Missbrauch, die Vergewaltigung straffrei bleiben, ist die Norm, und dass die Opfer dadurch erneut zum Opfer werden, ist unerträglich. Und dann hassen sie uns noch, wenn wir in Massen auf die Straße gehen, um ihnen zu sagen, dass wir ihre Misshandlungen, die Gewalt und die Folter nicht länger hinnehmen.«[105] Selbstverständlich ist die Unschuldsvermutung ein hohes Gut, ein Prinzip, auf das in einem Rechtsstaat niemals verzichtet werden darf. Wer aber Logiken folgt, die auf frauenverachtenden Grundannahmen aufbauen, wird Unrecht nicht erkennen. Wer meint, Verfahrenseinstellungen und Freisprüche bewiesen, dass Taten nicht geschehen sind, der hat unser Rechtssystem nicht verstanden.

»SMASH THE PATRIARCHY«

Lisa ist von ihrem Partner erniedrigt, geschlagen, vergewaltigt und letztlich getötet worden. Vorher hat sie erlebt, was alle Frauen und Menschen, die nicht ins binäre Geschlechterverhältnis passen, in ihrem Leben erfahren: Sexismus, Frauenverachtung und sonstige Diskriminierung aufgrund ihres Geschlechts. Dabei war Lisa eine weiße deutsche, gut ausgebildete Frau, eine Angehörige der sogenannten Mittelschicht. Wäre sie Schwarz[106], behindert, arm oder trans gewesen, hätten noch weitere Diskriminierungsformen auf sie gewirkt, wären Möglichkeiten der Flucht und der Zugang zu Unterstützung womöglich noch schwieriger gewesen. Aber selbst Lisa hat die notwendige Hilfe nicht erhalten. Das liegt nicht an ihr und ihrem Umfeld, sondern an unserem zutiefst von Sexismus geprägten Alltag und den Strukturen, die stete Ausübung von Gewalt ermöglichen.

Sexismus bezeichnet jegliche Abwertung einer Person aufgrund ihres Geschlechts. Er basiert auf der Grundannahme, dass Menschen in zwei vermeintlich von Natur aus zu unterscheidende Gruppen unterteilt werden können, in Männer und Frauen. Diesen werden bestimmte Eigenschaften und Aufgaben zugeschrieben, im Grunde läuft es auf schützen und empfangen, jagen und sammeln hinaus. Männer denken, Frauen fühlen (sich ein). Häufig wird diese Aufteilung biologistisch untermauert, letztlich, so wird behauptet, gebe diese »natürliche« Geschlechterdifferenz schon alles vor. Dabei können nicht nur Frauen, sondern alle Menschen mit Uterus gebären, braucht man zur Reproduktion keine Männer, sondern Sperma und hat körperliche Stärke im Alltag eine immer geringere Wertigkeit. Statt Freiheit und Gleichberechtigung für alle zu fördern und Differenzen als Bereicherungen zu verstehen, wird die binäre Geschlechterordnung mit ihren traditionellen Rollenzuschreibungen mit allen Mitteln verteidigt, auch und nicht selten mit Gewalt. Denn sie dient dem Erhalt von Macht im bestehenden Gesellschaftssystem. Aus einer Pilotstudie im Auftrag des Bundesfamilienministeriums wurde ersichtlich, dass gerade »etablierte Männer«, also solche, die mit akademischer Ausbildung in hohen oder höchsten Führungspositionen sind und sich selbst als Leistungselite empfinden, Geschlechterunterschiede als evolutionär gewachsen ansehen und vertreten, dass sich die herrschenden Rollenmodelle als »Best Practice« entwickelt hätten.[107] Die Soziologin Franziska Schutzbach schreibt dazu: »Diese starke Aversion gegen Egalität, die Idealisierung und Naturalisierung von Hierarchie zeigen den unverhohlenen Wunsch, männliche Überlegenheit und Vorherrschaft sicherzustellen.«[108]

Sexismus ist die Weltanschauung, die die theoretische Grundlage für die männliche Vorherrschaft liefert. Zwischen Sexismus und Frauenhass verlaufen fließende Grenzen. Unter Sexismus verstehe ich die systemische Benachteiligung, Abwertung, Verletzung und Unterdrückung einer Person oder einer Gruppe aufgrund ihres Geschlechts, Frauenhass hingegen äußert sich in handfesten Taten. Die Philosophin Kate Manne formuliert treffend, dass sexistische Ideologie dazu tendiere, »zwischen Männern und Frauen zu unterscheiden, und zwar typischerweise, indem sie Geschlechtsunterschiede über den vorhandenen oder möglichen Wissensstand hinaus und zuweilen entgegen allen derzeit geltenden wissenschaftlichen Belegen behauptet. Misogynie differenziert in der Regel zwischen guten und schlechten Frauen und bestraft die Letzteren.«[109]

Nicht jeder Sexismus ist gleich Frauenhass, aber Frauenhass basiert immer auf Sexismus. Er bildet das Fundament, den Boden, auf dem Frauenhass wunderbar gedeihen kann. Sexismus kommt nicht zufällig daher, ist keine von jede*m Einzelnen spontan gefühlte Abneigung, sondern eine der Grundfesten unseres patriarchalen Gesellschaftssystems. Grundsätzlich profitieren jene, die die Vormachtstellung haben, davon, verdienen daran, erhalten ihre Macht. Aber ganz so einfach ist es dann eben auch nicht, nicht jeder Mann profitiert, nicht jede Frau ist ständig »unterdrückt«, denn Rassismus, Kapitalismus, Sexismus und weitere Diskriminierungsformen bestehen nebeneinander und begünstigen sich gegenseitig. Frauen können heute in höchste Ämter gelangen, in Deutschland gab es viele Jahre lang eine Bundeskanzlerin, sie sitzen als Richterinnen an obersten Gerichten, leiten Unternehmen, sind in den Medien präsent. Auch wenn sie in der Regel weniger bezahlt bekommen als ihre männlichen Kollegen, sie immer noch den Großteil der Care-Arbeit leisten, ihre Karrieren seltener und begrenzter sind – im Großen und Ganzen hat sich in den letzten Jahrzehnten viel getan in puncto Emanzipation. Könnte man meinen. Aber stimmt das? Befinden wir uns, um es mit Margarete Stokowski zu sagen, tatsächlich in den *Letzten Tagen des Patriarchats*? Ich befürchte, nein. Es sind eng gesetzte Rahmen, in denen es vorangeht in Richtung Gleichstellung, wobei ich Gleichstellung nur als Zwischenschritt für erstrebenswert halte. Gleichstellung von wem, mit wem, in welchem System? Ein marodes, gefährliches System ist ein schlechter Maßstab, ein System, in dem alle in Freiheit leben können, wäre ein guter.

Frauen dürfen sich emanzipieren, sie dürfen Macht erlangen, sofern sie nicht an den Grundfesten der patriarchalen Macht rütteln. Vielleicht lässt sich so erklären, dass besonders erfolgreiche Frauen häufig in konservativen oder sogar rechtsextremen Parteien tätig sind, wie etwa Marine Le Pen oder Giorgia Meloni. Um rechtsextreme Parteien auch für Frauen wählbar zu machen, geben sie ihre Politik als fürsorglich aus, sprechen von Schutz für Frauen, der lange vernachlässigt worden sei, und symbolisieren ein mütterliches Image, verbunden mit Versprechungen des Wohlfahrtsstaates. Meloni verkündete in ihrem Wahlkampf unzählige Male: »Ich bin eine Frau, ich bin eine Mutter, ich bin eine Christin!« Politikerinnen wie sie stehen für die Vision traditioneller Familien, kämpfen gegen Abtreibungsrechte und für Rassismus. Immer wieder betonen sie, dass sie alles sind, aber keine Feministinnen, denn diese müssen bekämpft werden. Aus ihrer Sicht zu Recht, denn intersektionale Feminist*innen stellen die Machtfrage. Wer eine gerechte Gesellschaft für alle will, dem kann es nicht um Teilhabe an Macht gehen, sondern der muss für ihre Abschaffung kämpfen. Deshalb ist es kein Zufall, sondern Vorsatz, dass Personen, die gegen Rassismus, Klassismus und Sexismus eintreten, Personen, die die Geschlechterordnung grundsätzlich infrage stellen, zurückgedrängt, geschlagen und auch getötet werden. Die verursachten Risse im Patriarchat müssen rasch gekittet werden. Und dies geschieht auf vielfache Weise, ein bisschen Teilhabe, ein wenig Gleichstellung, dann wieder drei Schritte zurück.

Eines der Mittel, die bestehenden Machtverhältnisse aufrechtzuerhalten, ist der alltägliche Sexismus. Er hält in all seinen Verschränkungen davon ab, eine andere Gesellschaft zu erreichen, dient, so wie es Toni Morrison über Rassismus sagte, der Ablenkung.[110] Während wir Frauen und non-binäre Personen uns noch Gedanken machen, ob wir zu laut oder zu forsch sind, ob wir überhaupt genug zu sagen haben, um öffentlich zu sprechen, haben Männer längst die Bühne erklommen und uns die Welt erklärt. Und es gelingt: Sie erhalten die Aufmerksamkeit, die Frauen so oft verwehrt wird. Wer konzentriert größere Diskussionsrunden oder Talk-Shows verfolgt, sieht rasch, dass Männer mehr und länger sprechen, sie häufig das, was Frauen berichten, korrigieren oder aufgreifen, ohne sie zu stützen, während sich Männer untereinander protegieren und aufeinander beziehen. Wenn Frauen einmal mehr sprechen, wird ihr Auftreten häufig als unangenehm und aufdringlich empfunden. Themen werden allzu oft erst dann auf die politische Agenda gesetzt, Geld und andere Ressourcen erst dann zur Verfügung gestellt, wenn Männer sich dazu äußern.

Anfang der Achtzigerjahre brachten Teile der Frauenbewegung endlich und mutig den weitverbreiteten sexuellen Missbrauch an Kindern ans Licht. Sie organisierten Selbsthilfegruppen, errangen immenses Fachwissen und betrieben Öffentlichkeitsarbeit. Unermüdlich machten Organisationen wie Wildwasser oder Zartbitter darauf aufmerksam, dass viel zu wenig gegen sexuellen Missbrauch an Kindern unternommen wird und wie riesig das Ausmaß des Missbrauchs ist. Dafür ernteten sie immer wieder massive Angriffe, ein Beispiel ist eine Kampagne unter dem Titel »Missbrauch mit dem Missbrauch«. Ihnen wurde unterstellt, die Betroffenenzahlen zu fälschen und unprofessionell zu arbeiten. Dennoch wuchsen sie stetig weiter, arbeiteten beharrlich, parteilich, feministisch, unterstützten Betroffene und richteten zahlreiche Beratungsstellen und -einrichtungen ein, häufig mit prekären finanziellen Ausstattungen. Wenige, meist unterfinanzierte Beratungsstellen für männliche Betroffene wurden geschaffen. Eine echte Wende für die Anerkennung des sexuellen Missbrauchs kam erst über dreißig Jahre später, endlich wurde eine Stabsstelle für eine Unabhängige Beauftragte der Bundesregierung gegen Sexuellen Kindesmissbrauch geschaffen, ein Fonds für Opfer sexuellen Missbrauchs eingerichtet. Der Grund? Es sprachen erstmals »etablierte« Männer über sexuellen Missbrauch in Kindheit und Jugend, den sie innerhalb von kirchlichen Einrichtungen oder (hochangesehenen) Schulen erlitten hatten. Es ist richtig, gut und lange nicht genug, welche Aufmerksamkeit diese Verbrechen erlangen. Das wäre es auch schon vor vierzig Jahren gewesen, nur war es damals eben ein »Frauenthema«.

Obwohl ich mich alltäglich mit den extremen Formen des Frauenhasses beruflich auseinandersetze, kommt es auch mir immer wieder so vor, als hätten wir schon einiges erreicht. Ich bin eine weiße deutsche, akademisch ausgebildete Mittelschichtsfrau und damit überdurchschnittlich privilegiert. Ich bin Rechtsanwältin, Autorin, Mutter und Freundin, kann meine Familie und mich ernähren, kann grundsätzlich sagen und schreiben, was ich will, und erhalte dafür, neben sporadischen Bedrohungen, sogar Gehör. Ich werde zu Panels und Lesungen eingeladen, meine Fachkenntnis ist gefragt. Aber wenn die Veranstaltung vorüber ist und ich blöderweise ein etwas abgelegenes Hotel gebucht habe, dann kann ich mir nicht, wie meine männlichen Kollegen, noch ein wenig die Beine vertreten auf dem nächtlichen Spaziergang durch den Park, sondern suche mir ein Taxi, um schnell und sicher anzukommen. Ich verdiene weniger als meine männlichen Kollegen, habe verbale und auch körperliche Übergriffe erlebt und häufig in meinem Leben zu spüren bekommen, dass ich zu laut, zu vordrängend, zu öffentlich sei. Mein Leben, beruflich wie privat, ist gut, nicht zuletzt, weil ich in einem solidarischen und liebevoll zugewandten Umfeld lebe, nur von Gleichstellung kann ich wirklich nicht sprechen. Das Gleiche bemerkt die Journalistin Jagoda Marinić: »Heute wirkt es, als wäre das Wichtigste längst getan – und trotzdem sind Männer und Frauen messbar nicht gleichgestellt. Die Ungerechtigkeiten heute sind oft subtiler, psychologischer, schwerer zu greifen. Statt des bloßen Kampfs erfordern sie ein hohes Maß an Empathie und emotionaler Intelligenz.«[111]

Patriarchale Gewalt ist allgegenwärtig, sie durchdringt das Leben von Frauen so allumfassend, dass es schwer ist, sie überhaupt als solche zu begreifen, geschweige denn sie zu bekämpfen. Sie trifft Frauen in der Sprache, im Netz, in der Medizin, im Beruf, in der Familienplanung und der Altersversorgung. Sie ist gewöhnlich und subtil, hinterlässt nicht immer sichtbare Narben, aber doch eindeutige Spuren – Stress ist die Realität des Frauseins im patriarchalen Alltag, es braucht viel Kraft, um zu bestehen.

Ich beschäftige mich in meinem Berufsleben als Rechtsanwältin vor allem mit solchem sexistischen Verhalten, das so explizit zu Verletzungen führt, dass es mit der Ultima Ratio des Strafrechts geahndet werden oder zu Schmerzensgeldansprüchen führen kann. Es geht um Persönlichkeitsrechtsverletzungen, um psychische oder körperliche Verletzungen. Sexismus beginnt aber viel früher, als er je in den Bereich der Justiziabilität gelangt. Verwundungen entstehen nicht erst bei Gesichtsfrakturen oder Morddrohungen, bei Beleidigungen und Verleumdungen, sondern überall dort, wo Frauen und non-binäre Personen aufgrund ihres Geschlechts schlechter gestellt, schlechter behandelt oder diskreditiert werden. Viele spüren Auswirkungen auf ihre psychische und körperliche Gesundheit. Und es ist vielleicht eine der bittersten Wahrheiten der Analyse von Frauenhass, dass ihn bei Weitem nicht nur die eigentlichen Profiteure, also Männer, sondern auch Frauen leben und ausüben. Nicht zuletzt um selbst ein Stück der Macht zu ergattern. Auch Frauen haben von klein auf gelernt, sich an männliche Vorbilder zu halten, von Männern protegiert und gefördert zu werden. Und wie sollte es anders sein? Die Geschichten von Heldinnen werden kaum erzählt, weibliche Vorgesetzte gibt es seltener. Boys Clubs, Alumni-Netzwerke, Nepotismus – wenn Männer Männer fördern, ist es das Normalste von der Welt. Frauen hingegen wird, wenn sie andere Frauen unterstützen, vorgeworfen, sie achteten nur auf das Geschlecht, nicht auf die Qualität. Vetternwirtschaft also, aber unter Frauen. Warum das Wort »Basenwirtschaft« wohl nicht existiert? Frauensolidarität ist in der Praxis oft deshalb viel schwerer umzusetzen, weil Frauen gelernt haben, dass sie in vielen Lebensbereichen vor allen dann weiterkommen, wenn sie sich an Männer halten. Wir alle tragen aufgrund unserer Sozialisation die Muster des Patriarchats weiter. Es ist nicht die Verantwortung einzelner Mütter und Väter, die ihre Kinder bewusst und absichtsvoll geschlechterstereotyp aufziehen. Auch sie sind von dem bestehenden Gesellschaftsmodell geprägt, aus dem auszubrechen ganz und gar nicht einfach ist. Mit der Festlegung beginnt es schon in der Schwangerschaft: »Was wird es denn?« Diese Prägung setzt sich das ganze Leben lang fort.

Frauen sollen hübscher, anmutiger, freundlicher sein, sind aber nie »richtig«. Es gibt im Deutschen über 180 Schimpfwörter, um die Unzulänglichkeiten der Frauen zu versprachlichen. Eine 2018 in der *Frankfurter Rundschau* veröffentlichte Liste[112] zeigt: Die goldene Mitte ist das Ziel, denn wenn es uns Frauen nur gelingen würde, den schmalen Grat zwischen Rabenmutter und Glucke, Mannweib und Tussi, Mauerblümchen und Schlampe zu finden, hätte niemand mehr etwas auszusetzen. Wer weiß! Frauen haben »Haare auf den Zähnen« oder ihr »Hirn zwischen den Beinen«, sie sind zu laut, zu leise, zu dick und zu dünn. Nicht zufällig spricht man von Rampen*säuen*, nicht von Rampen*ebern*, verhalten von Frauendingen, aber gewichtig von einer Männersache, von Karrierefrauen und erfolgreichen Männern, von Krankenschwestern, die keine Brüder haben. Der Versuch, dem ewig männlichen Narrativ etwas entgegenzusetzen, das generische Maskulinum zu revidieren, auch sprachlich Sichtbarkeit dafür zu schaffen, dass es nicht nur ein, sondern mehrere Geschlechter gibt, stößt auf massive Gegenwehr. Was nachvollziehbar ist, denn Sprache ist mächtig, sie prägt und beeinflusst unser Denken. Kübra Gümüşay setzt sich in ihrem Buch *Sprache und Sein* genau damit auseinander und schreibt: »Doch wir spüren den Stoff unseres Denkens nicht, sehen die Architektur unserer Sprache nicht, wenn sie für uns funktioniert. Wir spüren die Mauern und Grenzen der Sprache erst, wenn sie nicht mehr funktioniert, wenn sie uns einengt. Uns die Luft zum Atmen nimmt.«[113] Wie viel Energie müssen Frauen aufwenden, um sichtbar zu sein, wenn wieder nur von Professoren, Juristen, Ärzten, Managern, Bäckern, Autoren, Bauarbeitern oder Ingenieuren gesprochen wird? Und es ist nicht so, als wüssten die Männer nicht Bescheid: Als sie allmählich in traditionellen »Frauenberufen« Fuß fassten, stand nie zur Debatte, sie zu subsumieren. Statt von männlichen Erzieherinnen, Krankenschwestern, Hebammen oder Zimmermädchen zu sprechen, fand Mann umgehend geschlechtsspezifische männliche Bezeichnungen. Es ist schlichtweg falsch, dass Sprache unsere Wahrnehmung nicht beeinflusse, nein, sie nimmt die Luft zum Atmen, zum Entfalten, zum Wachstum. Geschlechtergerechte Sprache zu nutzen und geschlechtsfeindliche Sprache abzuschaffen stellt nicht etwa den Niedergang der deutschen Sprache dar, sondern eine notwendige Korrektur, die schon lange überfällig ist. Es ist der Abschied von einer Gewohnheit, der für manche erst schmerzlich oder unschön klingen mag. Doch auf dem Weg hin zu einer besseren Form wird Gerechtigkeit in der Sprache eine Erneuerung im Denken ermöglichen, die in ihrer Vielfältigkeit und Offenheit Schönheit verspricht.

Sprache ist für eine Gesellschaft prägend, wer sprechen darf und Gehör findet, ebenfalls. Wenn Frauen in die Öffentlichkeit treten und allein aufgrund dessen gegen Geschlechterstereotype verstoßen, werden sie mit unbändigem patriarchalen Hass überzogen. Das sieht dann so aus wie die Kampagnen, die alltäglich gegen die Politikerinnen Ricarda Lang, Annalena Baerbock, Tessa Ganserer oder Martina Renner gefahren werden. Prominente Menschen mussten schon immer und müssen in Zeiten von Social Media vermehrt »Schmutzkampagnen« gegen sich ertragen. Bei Politikerinnen aber kommt stets noch frauenverachtender Hass hinzu. Ich kann mich nicht daran erinnern, jemals von gezielten Kampagnen gelesen zu haben, die Helmut Kohls Körperumfang in den Blick genommen hätten. Nicht daran, dass gefakte Nacktbilder von Olaf Scholz kursierten oder Christian Lindner Vergewaltigungen angedroht würden. All das aber erleben Politikerinnen jeden Tag. Frau Langs Essverhalten und ihr Gewicht werden kommentiert, Frau Baerbocks Kleidungs- und

Erziehungsstil schwer kritisiert und Frau Ganserer wird sogar ihre Geschlechtszugehörigkeit abgesprochen. Vergewaltigungs- und Morddrohungen sind an der Tagesordnung. Wer steckt hinter den Hunderten, Tausenden Angriffen? Wem bereitet das Freude? Wem dient das?

Frauen in öffentlichen Positionen müssen diesen Hass hinnehmen und private Strategien des Umgangs finden, sich abschotten, ignorieren, allein verarbeiten. Solidarität erfahren sie selten, noch seltener justizielles Recht. Es gibt keine Sondersendungen, keine öffentlichen Solidaritätsbekundungen, kein großes Aufsehen – es ist der Preis, den Frauen zahlen müssen, wenn sie den zugewiesenen Platz verlassen und in die Zentren der Macht vorstoßen. Seit es digitale Gewalt gibt, trifft sie Frauen, Feministinnen, Aktivistinnen und queere Menschen stärker als Männer. Besonders ausgesetzt sind ihr Frauen, die mehrfach diskriminiert werden, wie migrantisierte Frauen oder PoC. Beispielhaft ist die Kampagne gegen die Autorin und Netzaktivistin Jasmina Kuhnke, die sich seit vielen Jahren als Feministin gegen Rassismus, Faschismus und Frauenhass öffentlich positioniert. Seitdem wird Jasmina Kuhnke mit Hass und Hetze überzogen. 2021 wurde sie gedoxt, das heißt, dass ihre private Adresse veröffentlicht wurde. Ein Video, in dem ihr Haus zu sehen ist, wurde auf Social Media verbreitet, mit dem Aufruf »Jasmina zu massakrieren«. Kurz darauf bekam sie unbestellte Waren geliefert, der unmissverständliche Hinweis: »Wir wissen, wo du wohnst. Wir sind hier!« Sie verständigte die Polizei, wurde aber abgewiesen, dort sah man keine Gefährdungslage. Sie musste sich selbst um die Sicherheit ihrer Familie kümmern, erst in ein Hotel ziehen, dann eine neue Wohnung finden. Es ist ein großes Glück, dass sie die nötigen Ressourcen dazu hatte.

Ein besonders trauriges und erschütterndes Beispiel für die Auswirkungen der misogynen Hetze im Internet ist das der Wiener Hausärztin Lisa-Maria Kellermayr. Sie hatte öffentlich über die Corona-Schutzimpfungen aufgeklärt und in ihrer Praxis selbst Tausende Menschen geimpft. Daraufhin erlebte sie eine brutale Schmutzkampagne, Vergewaltigungs- und Morddrohungen waren Alltag. Sie versuchte sich Hilfe zu holen, wandte sich an Polizei und Ärztekammer, ihr wurde aber unterstellt, sie wolle sich nur »wichtigmachen«. Im Interview mit dem Ö1-Mittagsjournal sagte ein oberösterreichischer Polizeisprecher, die Frau würde sich »in die Öffentlichkeit drängen, um ihr Fortkommen zu fördern«. Im Übrigen solle sie »psychologische Hilfe suchen und in den sozialen Medien weniger aktiv sein«.[114] Ihre Angst wurde nicht ernst genommen. Kaum denkbar, dass Behörden ähnlich reagiert hätten, wenn ein männlicher Arzt so bedroht worden wäre. Frau Kellermayr organisierte eine Zeit lang selbst ihren Schutz, zahlte für Security in ihrer Praxis, die immer wieder vermeintlichen Patienten Waffen abnahm. Schließlich verließ sie ihre Praxis kaum noch; als sie die Bedrohungen nicht mehr aushielt, suizidierte sie sich.

Hasskampagnen gibt es digital und analog, meist beginnen sie heutzutage digital. Digitale Gewalt wurde von den Behörden jahrelang nicht wahrgenommen, wurde nicht einmal definiert. Der Bundesverband der Frauenberatungsstellen (bff) hat deshalb eine Definition vorgelegt, die das Phänomen treffend beschreibt: »Digitale Gewalt ist ein Oberbegriff für Formen von geschlechtsspezifischer Gewalt, die sich technischer Hilfsmittel und digitaler Medien (Handy, Apps, Internetanwendungen, Mails etc.) bedienen, und/oder geschlechtsspezifische Gewalt, die im digitalen Raum, z. B. auf Online-Portalen oder sozialen Plattformen stattfindet. Digitale Gewalt funktioniert nicht getrennt von analoger Gewalt, sie stellt meist eine Ergänzung oder Verstärkung von Gewaltverhältnissen und -dynamiken dar.«[115] Frauen, die Hass und Hetze anzeigen, aber wurden und werden weiterhin nicht ernst genommen, der allergrößte Teil der Ermittlungsverfahren wird eingestellt oder mit absurd niedrigen Strafen geahndet. Es wird so getan, als hätte sie nichts mit dem »wirklichen Leben« zu tun. Was eine gefährliche Verkennung digitaler Realität ist, denn die im Netz verübte Gewalt wirkt sich sehr konkret auf das Leben der Betroffenen aus. Die Wirtschaftsinformatikerin und Autorin Laura Dornheim, die schon mehrere Hasskampagnen ertragen musste, schrieb folgende Worte an Kübra Gümüşay: »Wer Gewalt erlebt hat, analog oder digital, kennt das Gefühl. Die Pupillen weiten sich, während ich gleichzeitig in einen totalen Tunnelblick falle, der Puls geht hoch, mir ist fast ein bisschen schwindelig. Flau im Magen sowieso. Mein Körper hat Angst. Ich habe Angst. Es sind doch nur ein paar Tweets. Es sind doch nur fehlgeleitete Pakete. Ja. Noch.«[116]

Täter*innen wissen, dass ihnen kaum etwas passieren wird. Viele Mandant*innen berichten mir, dass ihnen von Ermittlungsbehörden geraten wurde, sich künftig »einfach nicht so auffällig zu verhalten«, »lieber nicht in den sozialen Medien aktiv zu sein«, sich »eben genauer zu überlegen, was man in der Öffentlichkeit sagt«, und nicht »ganz so provokant« zu sein. Diesem Rat folgen viele, häufig vor allem, wenn nicht nur sie, sondern auch ihre Familien, ihre Kinder bedroht werden. Jeder Rückzug ist ein Erfolg für die Hassenden. Laura Dornheim schreibt, dass sie sich von dem Hass nicht abhalten lässt, aber »es ist ein verdammt hoher Preis, den ich und so viele andere immer und immer wieder dafür zahlen müssen«.[117] Die staatlichen Reaktionen in Form von Sonderdezernaten gegen Hate Crime wurden zwar etwas intensiviert, bleiben aber meist erfolglos, der Hass im Netz breitet sich stetig weiter aus.

Die Politikerin Martina Renner, die sich seit vielen Jahren fachkundig und engagiert gegen Rechtsextremismus positioniert und einsetzt, trifft eine weitverbreitete Kombination aus frauenverachtendem und rechtsextremem Hass. Sie war eine der Betroffenen der Drohserie des sog. NSU 2.0. Zwischen August 2018 und März 2021 erhielten vor allem Frauen und non-binäre Personen des öffentlichen Lebens, Rechtsanwältinnen, Politikerinnen, Kabarettistinnen, Journalist*innen und Staatsanwältinnen mehr als achtzig Drohschreiben per E-Mail, Fax oder SMS. Sie enthielten frauenverachtende und rassistische Beschimpfungen, widerwärtige Bilder und Todesdrohungen. Die Schreiben nahmen direkt Bezug auf das rechtsextreme NSU-Netzwerk, dessen Mitglieder zwischen 2000 und 2007 zehn Menschen ermordet und zahlreiche Personen zum Teil schwer verletzt hatte. Aufgrund großen öffentlichen Drucks erfolgten Ermittlungen wegen der Drohschreiben, letztlich wurde ein Täter gestellt. Das Landgericht Frankfurt verurteilte den Täter, aber man muss davon ausgehen, dass er nicht allein handelte, sondern Teil eines größeren Netzwerks war. Auch eine Verstrickung mit den Sicherheitsbehörden ist, ähnlich wie im Übrigen auch bei dem »Vorbild« NSU, anzunehmen. Einige der Betroffenen mussten umziehen, psychologische Hilfe in Anspruch nehmen, besondere Sicherheitsvorkehrungen treffen, hatten erhebliche finanzielle Einbußen. Ihr Leben, ihr Alltag, ihre Öffentlichkeit, ihre Handlungsfähigkeit wurden massiv behindert, so wie es die Täter bezweckten. Was hiermit und mit jeder neuen frauenverachtenden Nachricht und Bedrohung deutlich wird, ist, dass die Täter nicht »wahnsinnig«, die Taten nicht abwegig oder sinnlos sind, sondern dass sie dem Zwecke dienen, die bestehende Gesellschaftsordnung zu stabilisieren, indem sie Frauen von ihren eigentlichen Zielen ablenken, sie behindern und veranlassen, auf die ihnen zugewiesenen Plätze zurückzukehren.

Sicherheit zu nehmen oder gar nicht erst zu gewähren, ist ein weiterer Aspekt davon, wie Frauen in ihrem Alltag eingeschränkt werden. Sie müssen nicht nur mit der permanenten Möglichkeit eines Angriffs umgehen, sondern auch mit dem Wissen, dass die Polizei, die Schützerin der öffentlichen Sicherheit aller sein sollte, ebenfalls von Sexismus und Rassismus durchsetzt ist und damit ein weiteres, noch viel komplexeres Sicherheitsrisiko für sie darstellt. Fast wöchentlich werden sexistische und/oder rassistische Vorfälle, sei es innerhalb von sogenannten Chatgruppen oder durch (tödliche) Polizeigewalt, aufgedeckt. Sie werden als »Einzelfälle« deklariert und abgelegt. Ich habe Frauen vertreten, die bei Polizeieinsätzen durch Polizeibeamte sexualisierte Gewalt erlebt haben, die mir von unbändiger Angst berichten, wenn sie sich nach einer Festnahme allein mit Polizeibeamten im Polizeifahrzeug befanden und sich einer nach dem anderen auf sie setzte, »um sie zu fixieren«, Frauen, denen bei Fahrzeugkontrollen sexistische Beleidigungen zugeraunt wurden, denen Vergewaltigungen angedroht wurden, wenn sie nicht spurten. Und ich vertrete immer wieder meist ehemalige Polizistinnen, die mir von ausgeprägtem Sexismus und sexuellen Belästigungen durch Kollegen berichten. Während in Deutschland eine lang geforderte und dringend notwendige, groß angelegte wissenschaftliche Studie zu Rassismus und Sexismus innerhalb der Polizei noch fehlt, gibt es aus England einige erste Studien. Im März 2023 wurde die Londoner Metropolitan Police (Met) nach der Entführung, Vergewaltigung und Ermordung von Sarah Everard durch den Polizisten Wayne Couzens einer weitreichenden Investigation unterzogen. Daraus ging hervor, dass die Londoner Polizei systematisch rassistisch, misogyn und homophob handle. Neben der Gefahr, die von der Polizei für Zivilist*innen ausgehe, seien außerdem weibliche Beamtinnen schwer betroffen. Die unabhängige Abgeordnete im britischen Oberhaus Casey führte dazu aus: »Beamtinnen und weibliche Beschäftigte sehen sich routinemäßig mit Sexismus und Frauenfeindlichkeit konfrontiert. Die Met hat ihre weiblichen Angestellten oder Mitglieder der Öffentlichkeit weder vor Tätern in der Polizei, die häusliche Gewalt anwenden, noch vor denen geschützt, die ihre Position für sexuelle Zwecke missbrauchen.«[118]

Obwohl klar sein müsste, dass Frauen, die mit Gewalt von Soldaten oder Polizisten konfrontiert werden, ein massives Problem haben, wird selten dagegen vorgegangen. Mira C. hat das am eigenen Leib erfahren: »Der Polizeibeamte war sehr freundlich bei der Anzeigenerstattung, nachdem mein Freund mich geschlagen hatte und er der Wohnung verwiesen wurde. Er bot mir seine Hilfe an, ich könnte ihn jederzeit anrufen. Selbstverständlich hatte ich ihm meine Handynummer gegeben, und meine Wohnung kannte er ja auch. Anfangs fand ich es ganz okay, dass er mir immer wieder schrieb und mich fragte, wie die Lage sei. Ich war sogar beeindruckt von dem besonderen Service. Aber dann wurde er schnell aufdringlich und akzeptierte nicht, als ich ihm sagte, dass ich nichts von ihm wolle. Er kam unaufgefordert bei mir vorbei, zu Hause und an meinem Arbeitsplatz, stand plötzlich vor der Schule meiner Kinder. Er wurde zunehmend aggressiv, sagte, er werde mich überall finden. Ich hatte solche Angst vor ihm. Glücklicherweise hat irgendwann eine Freundin sein Verhalten miterlebt. Sie hat ihn sofort zur Rede gestellt und gedroht, ihn anzuzeigen. Ich hätte das nie gewagt. Dann war es ruhig, und nein, auf keinen Fall will ich ihn anzeigen, das ist mir viel zu gefährlich.« Und das ist es auch. Wenn die, die eigentlich für Sicherheit sorgen sollen, selbst zur Gefahr werden – wohin kann man sich dann wenden? Polizeibeamt*innen werden gedeckt, von ihren Kolleg*innen, von ihren Vorgesetzten, von der

Justiz. Wenn mal ein Polizeibeamter vor Gericht steht, dann muss schon viel passieren, damit er straf- oder dienstrechtliche Konsequenzen erfährt. Eher wird strafmildernd berücksichtigt, dass er dienstrechtliche Konsequenzen erwarten könnte, die jedoch selten erfolgen. Die Täter bleiben meist auch im Dienst, wenn sie häusliche Gewalt ausüben, dabei sind sie als Berufswaffenträger stets besonders gefährlich.[119] Ein dienstrechtliches Problem wird dabei meist nicht erkannt.

Welche grundsätzliche Verunsicherung bedeutet es für Menschen, dass ihnen durch staatliche Institutionen Ressentiments entgegengebracht werden, dass ihnen möglicherweise nicht nur nicht geholfen, sondern sogar geschadet wird? Für rassifizierte Menschen in Deutschland, für trans Personen, für queere Menschen und – seltener – für cis Frauen ist das Alltag. Ich höre oft, dass Betroffene rassistischer oder geschlechtsbezogener Gewalt in Polizeidienststellen abgewiesen oder nicht ernst genommen werden, dass sie offene Verachtung erfahren und manchmal sogar auf der Wache angegriffen werden. Ich muss bestimmten Mandant*innen raten, immer in Begleitung oder online Anzeige zu erstatten. Wenn sie Polizeibeamt*innen anzeigen oder Dienstaufsichtsbeschwerden einreichen wollen, müssen sie sich im Klaren sein, dass Kolleg*innen der Täter ermitteln werden und dass sie kaum Schutz, noch weniger Recht bekommen werden.

Es ist das Privileg weißer Männer, gehört zu werden, wenn sie ihnen widerfahrenes Unrecht ansprechen, und nicht sofort mit Zweifeln konfrontiert zu werden.[120] Für Frauen und non-binäre Personen wird die permanente Verunsicherung zu einem omnipräsenten Hintergrundrauschen; es ist immer da und weist eine in jeder Lage darauf hin, aufzupassen, nicht allzu viel zu wollen, lieber vorsichtig zu sein.

Vorsicht ist besonders vor denen geboten, die sich offen dem

Antifeminismus verschrieben haben und freimütig für eine Vernichtung von Feminist*innen eintreten. Sie verunsichern, behindern, bedrohen und attackieren Feminist*innen. Sie treten in offener Feindschaft auf. Antifeministische Erzählungen paaren sich in rechtsextremen, ultrakonservativen oder religiösen Bewegungen mit anderen Formen von Menschenverachtung. Dort gibt es die Narrative von der »jüdischen Weltverschwörung«, der »Islamisierung des Abendlandes«, der »Überfremdung«, dem »Zerfall der Familien«, der »Frühsexualisierung von Kindern«, dem »Genderismus« oder »Gender-Terror«, dem »großen Bevölkerungsaustausch« und vielem mehr. Woke Feministinnen, heißt es, seien schuld daran, dass keine weißen Kinder mehr geboren würden, die Scheidungsraten in die Höhe schnellten, Kinder homosexuell oder trans würden, eine neue, minderwertige Sorte Mensch entstehe. In antifeministischen Foren heißt es, Feminist*innen folgten einem übergeordneten Plan. Sabine Hark, Professorin für Genderwissenschaften, hat das einmal überspitzt formuliert: »Judith Butler hat sich das in Berkeley ausgedacht, die EU setzt das im Gendermainstreaming um, und an den deutschen Universitäten waschen Genderprofessorinnen die Gehirne der Studierenden.«[121] Es dürfte kaum überraschen, aber die aggressiven Angriffe gegen die Genderwissenschaften nehmen massiv zu, es gibt Versuche, diese zu verbieten und staatlich nicht mehr zu fördern.

Jede einzelne Frau oder non-binäre Person, die nicht dem traditionellen Geschlechterstereotyp entspricht, ist Antifeminist*innen suspekt und muss befürchten, abgestraft zu werden: Lesbische Frauen, die sich in der U-Bahn küssen – vor den Augen unschuldiger Kinder; Menschen, die gendergerecht sprechen und so die deutsche Kultur beschmutzen; weiße Frauen mit Schwarzen Kindern; rassifizierte Frauen, die es wagen, weißen Männern nicht hinreichend Aufmerksamkeit zu schenken.

Die Journalistin Susanne Kaiser hält fest: »Es geht darum, den als weiblich konstruierten Teil der Gesellschaft auf einen untergeordneten Platz in der sozialen Hierarchie zu verweisen, eine bestimmte angeblich »natürliche Ordnung« aufrechtzuerhalten und Frauen aus der Öffentlichkeit zu verdrängen.«[122]

Antifeminismus und Frauenhass werden zunehmend salonfähig. Immer mehr europäische, nord- und auch südamerikanische Parteien unterhalten und überzeugen ihre Wählerschaft mit misogynen und sexistischen Äußerungen und Programmen. Während Politiker wie Donald Trump, Jair Bolsonaro et al. trotz ihres offen zur Schau getragenen Sexismus gewählt werden, setzen ihr Verhalten und ihr Umgang neue Maßstäbe im antifeministischen Kampf. In Deutschland ist es die AfD, die am offensivsten die angeblich abhandengekommene Männlichkeit auf ihre Agenda setzt. Sie mahnen die Rückbesinnung auf traditionelle Männlichkeitsideale an und fordern, dass Frauen wieder zu »echten Frauen« werden sollen, an Herd und Heim gehörten und Kinder für das deutsche Volk gebären sollten.

Antifeminismus geht bei den Rechtsextremen nicht nur von Männern aus, besonders aktiv sind darin auch rechtsextreme Frauen. Ihr Einfluss nimmt zu, während ihre Gefährlichkeit unterschätzt wird. Die Amadeu Antonio Stiftung schreibt auf ihrer Website: »Stereotype wie die ›friedfertige Frau‹, die ›treusorgende Gattin‹ oder eben die ›besorgte Mutter‹ wirken wie ein tarnender Weichzeichner der eigentlichen politischen Gesinnung.« Sie kaschieren ihre darüber hinaus überaus wichtigen Funktionen als politische Aktivistin, Journalistin, Verlegerin, Musikerin, Parteifunktionärin oder ihre Rolle bei der Politisierung des Nachwuchses in Erziehungsberufen.[123] Antifeministinnen verkörpern ein neues, modernes Frauenbild – das der selbstbewussten, auch politisch aktiven Frau, die für ihre wahre Natur und ihr Glück kämpft, indem sie gegen Gendergaga, Gewalt gegen

Frauen durch »Fremde«, gerechte Verteilung von Care-Arbeit und vieles mehr vorgeht.

Statt gezieltes Augenmerk auf die Narrative des Antifeminismus zu lenken und dies bewusst in die Gewaltprävention und demokratische Erziehung aufzunehmen, fiel das Phänomen jahrelang aus den politischen Analysen schlicht heraus, wurde und wird schulterzuckend hingenommen. Dabei zieht sich Antifeminismus wie ein roter Faden durch einige der tödlichsten Attentate der letzten Jahre. Antifeminismus steckt nicht nur hinter diesen brutalen Eskalationen von Gewalt, er zersetzt gesellschaftliche Konstrukte, schleicht sich in die Sprache, die Gesinnung, die Weltansichten ganzer Gruppen. Wie ein Pilz verbindet er im Untergrund viele unterschiedliche Bewegungen und schlägt oft ungesehen Brücken. Auf den Hass gegen Feminist*innen können sich letztlich fast alle einigen, von religiösen Faschist*innen und Erzkonservativen über Gamer*innen und Rechtsextreme bis hin zu Vertreter*innen der sogenannten Mitte. Und all die, die sich in ihrer Wertigkeit als Mann angegriffen fühlen, die Sorge haben, ihren Status zu verlieren, denen es um ihre Machtposition geht, sei es im öffentlichen oder im privaten Rahmen.

Der grenzenlose, frei zugängliche Ort der Begegnung, des Austausches und der Mobilisierung für all diese »besorgten« und »verunsicherten« Männer ist das Internet. Dort gibt es Coaches, Influencer und »Therapeuten«, die sich um die vermeintlich abhandengekommene Männlichkeit kümmern und Männern wieder beibringen, echte Männer zu sein. Einer von ihnen ist Andrew Tate, dessen Inhalte auf TikTok mehr als 12,7 Milliarden Aufrufe hatten, dem auf Twitter 3,6 Millionen Menschen folgten. Sein Content: queerfeindliche, misogyne und rassistische Äußerungen. »Das Leben ist Krieg«, sagt er. »Es ist ein Krieg um die Frau, die du willst. Es ist ein Krieg um das Auto, das du willst. Es ist ein Krieg um das Geld, das du willst. Es ist ein Krieg um den Status. Männliches Leben ist Krieg!« Er sprach öffentlich darüber, Frauen zu schlagen, sie zu würgen, und vertritt die Meinung, dass Frauen, die vergewaltigt werden, dafür mitverantwortlich seien. Jahrelang ließ man ihn gewähren, jahrelang wurden vor allem sehr junge Menschen von diesem Hass beeinflusst, wurden damit groß. Lehrer*innen in Großbritannien berichteten, dass sie zunehmend auf frauenverachtende Äußerungen und Aggressionen ihrer Schüler*innen zu reagieren hätten, da sie regelmäßig Andrew Tate konsumierten. Letztlich wurde er im Sommer 2022 festgenommen. Nicht wegen seiner Hetze im Netz, sondern wegen des Vorwurfs des Menschenhandels, er soll mehrere Frauen sexuell ausgebeutet haben. Derzeit steht er unter Hausarrest, zu einer Verurteilung ist es noch nicht gekommen.

Andrew Tate ist nicht der Einzige, der diese Inhalte teilt, er ist nur besonders erfolgreich damit. Es ist bedrückend, wenn man sich in diese Abgründe von Social Media begibt, erschreckend, sich vorzustellen, wie viele Menschen diese frauenverachtende Propaganda alltäglich konsumieren. Das Publikum ist meist männlich, jung bis sehr jung und auf der Suche. Die Tates des Internets versprechen ein besseres Leben, eine Welt, in der es wieder klare Regeln gibt, in der die Menschen weniger Drogen und Social Media konsumieren, in der es weniger Kriege und Krisen gibt, da die natürliche Ordnung wiederhergestellt wird, in der Männer mehr wert sind als Frauen und Frauen sich zu fügen haben. Es sind ultrakonservative Wertevorstellungen, modern verpackt in Clips auf TikTok. Ältere Menschen finden solche antifeministischen, rassistischen und sexistischen Narrative generationenentsprechend, manchmal etwas subtiler, im Fernsehen. So werden etwa der Kabarettist Dieter Nuhr und seine Kollegin Lisa Eckhart nicht müde, sich über Feministinnen oder emanzipierte Frauen lustig zu machen. Zur Hauptsendezeit transportieren sie rassistische und antisemitische Vorurteile und schüren massenwirksam Ressentiments. Werden sie dafür kritisiert, schreien sie empört »Cancel-Culture« und »öffentliche Meinungsfreiheit«. Doch was hier als harmloses Unterhaltungsprogramm, als Satire inszeniert wird, stellt für manche Menschen ein lebensbedrohliches Risiko dar. Alok Vaid-Mennon, eine Performer*in und Autor*in, sagte in der *Vogue* im Oktober 2022 dazu: »Alte *weiße* Männer wollen das exklusive Recht, sich über andere lustig machen zu können. Sie behaupten, gecancelt zu werden, wenn sie das nicht können. Aber wissen Sie, was das Gegenteil von Meinungsfreiheit ist? Ermordet werden.«[124]

Transfeindliche Gewalt

Alok Vaid-Mennon ist eine non-binäre Person und wird schon allein deshalb vom konservativen Spektrum verachtet. Alok Vaid-Mennon ist in den Augen der Maskulinisten und Antifeminist*innen ein besonders rotes Tuch, denn niemand stellt die binären Geschlechternormen mehr infrage als erfolgreiche, unerschrockene non-binäre Personen und trans Menschen. Allein ihre Existenz wird als Frontalangriff auf die bestehende Ordnung gesehen, die auf vielfältige Weise zu schützen sei. Die Zahlen der Queer- und Transfeindlichkeiten steigen von Jahr zu Jahr erheblich. Die Angriffe sind scheußlich und alltäglich, sie bedrohen das Leben vieler und verschließen die Tore zu einer offenen Gesellschaft der vielen.

In Deutschland gibt es hierzu kaum Statistiken. Lediglich Berlin führt seit ein paar Jahren ein Monitoring über queerfeindliche Gewalt durch. Bezüglich transfeindlicher Gewalt ergab eine Studie, dass zwei Drittel der befragten trans Personen in den vergangenen fünf Jahren Gewalterfahrungen gemacht haben, fast die Hälfte davon allein im vergangenen Jahr. Weiter heißt es: »Obwohl bei fast zwei Dritteln der berichteten Gewaltvorfälle unbeteiligte Personen zugegen waren, haben die Betroffenen nur in wenigen Fällen (sieben Prozent) Hilfe oder Solidarität durch Passant*innen erfahren.« Knapp 80 Prozent gaben an, in den Sozialen Medien von Übergriffen betroffen zu sein.[125] Sie werden also überdurchschnittlich oft angegriffen und dann meistens damit alleingelassen. Und auch hier gilt: Schweigen ist Zustimmung, wer nichts sagt, macht mit.

Leider ist Deutschland damit kein Einzelfall, weltweit werden trans Personen diskriminiert und kriminalisiert, und es ist zu befürchten, dass die Tendenz hier steigend ist. In Uganda wurde 2023 ein Gesetz erlassen, mit dem nicht nur queere Aktivitäten mit jahrzehntelangen Haftstrafen belegt werden, sondern allein das unterlassene Outing einer schwulen, lesbischen oder trans Person durch Dritte mit bis zu zehn Jahren Haft geahndet werden kann. Auch »Mitwissende und Unterstützer*innen« können jetzt bestraft werden, in manchen Fällen droht die Todesstrafe. In Russland und Ungarn wird die »Propaganda« von queerem Leben unter Strafe gestellt, der republikanische Präsidentschaftskandidat und Gouverneur von Florida, Ron DeSantis, will in seinem Staat ein bereits an Grundschulen geltendes Verbot auf alle Schulstufen ausweiten, das Unterricht zu sexueller Orientierung und Geschlechtsidentität untersagt. Andere Regierungen, wie etwa in Italien, diskutieren die Möglichkeiten, wie das Leben queerer Menschen weiter einzuschränken ist.[126] Insbesondere queere Elternschaft wird angegriffen. So hat das italienische Innenministerium die Rathäuser zuletzt angewiesen, die nicht-biologischen Mütter aus den Geburtsurkunden zu streichen.[127]

In meinem Büro vertreten wir viele Menschen, die aufgrund

ihrer Transidentität Diskriminierung und Gewalt erleben. Eine meiner Kolleg*innen vertritt Menschen bei den vielen Hürden der Änderung des Personenstands, zwei Kolleg*innen vertreten trans und queere Personen in ihren aufenthaltsrechtlichen Verfahren. Alle diese Mandant*innen waren in irgendeiner Ausprägung Gewalt ausgesetzt. Anabel wurde aufgrund ihrer Transidentität in ihrem Herkunftsland Syrien immer wieder geschlagen und bedroht, staatliche Unterstützung bekam sie nicht. Ihre Flucht war geprägt von massiver sexualisierter und physischer Gewalt, schon die Unterbringung in den Unterkünften barg stetige Gefahren. In Berlin wurde sie rasch als Asylberechtigte anerkannt, die Gefahr blieb. Es gibt kaum einen Tag, an dem sie nicht angestarrt, angesprochen, angespuckt, beleidigt oder ausgelacht wird. Im Laufe der Zeit gelingt es ihr durch medizinische Behandlungen, ihr Äußeres immer mehr zu verändern und als weiblich gelesen zu leben, das verschafft etwas Sicherheit. Sie sagt: »Für mich wäre diese Angleichung eigentlich nicht wichtig gewesen, aber ich konnte mich so, wie ich war, und so, wie ich mich kleidete, einfach nicht durch die Stadt bewegen. An manchen Tagen werde ich nur transfeindlich angegangen, an manchen nur rassistisch. Meist aber kommt beides zusammen. Meine Hautfarbe kann ich nicht ändern, aber wenn ich mehr weibliche Attribute habe, wird es vielleicht besser. Ich glaube, sonst überlebe ich das nicht.« In dem Bericht der Monitoring-Stelle aus Berlin heißt es dazu: »Thematisiert werden die fast omnipräsente Verschränkung von Sexismus und Transfeindlichkeit, die besondere Gewalterfahrung von Menschen, die von Transfeindlichkeit und Rassismus betroffen sind, und die Zusammenhänge von Klassismus und Transfeindlichkeit. In letzterem Fall bedingen sich beide Merkmale oft gegenseitig, wenn etwa trans* Personen aufgrund von Ausschlüssen in Bildung und Berufsleben in prekären sozialen Bedingungen leben.«[128]

Erschreckend ist, dass Transfeindlichkeit nicht nur von Rechtsextremen oder Ultrakonservativen ausgeht und propagiert wird, sie wird auch von »Feministinnen« geschürt. Allen voran die sogenannten TERFs, die »Trans-Exclusionary Radical Feminists«, die von einer strikten Binarität der Geschlechter ausgehen und behaupten, trans Personen schadeten den »echten« Frauen. Ich stolpere immer ein wenig darüber, ob die Bezeichnung ›Feminist*in‹ auf diese Personen zutrifft, denn sie agieren zutiefst antiemanzipatorisch. Ich kann noch nachvollziehen, dass manche Frauen, die mühsam Schutzräume erkämpft und lesbisches Leben etabliert haben, zunächst besorgt sind, dass die Aufgabe des Bezugssystems Frau ihre ohnehin angreifbare Sichtbarkeit schmälern könnte. Aber mein Anspruch an Feminismus ist, sensibel für Diskriminierungsformen zu sein, nicht stehen zu bleiben, Biologismus nicht zu akzeptieren, Grenzen zu verschieben, gemeinsam gegen Herrschaftsstrukturen zu kämpfen. Dem verweigern sich TERFs offensichtlich. Vielleicht muss man sie, so wie es Lou Kordts in der *taz* sagte, als antifeministische Feministinnen benennen, in der Erkenntnis, dass Feminismus längst kein fortschrittliches linkes Konzept mehr ist, sondern heutzutage auch Verknüpfungen mit rechtsextremen und rassistischen Bewegungen aufweisen kann. Gerade in der Diskussion um die längst überfällige Einführung eines Selbstbestimmungsgesetzes melden sich TERFs lautstark zu Wort und behaupten zum Beispiel, dass keine »echte« Frau mehr auf öffentlichen Toiletten oder in Saunen sicher sei, dass ihnen Schutzräume abhandenkämen, wenn sich Menschen mit Penissen als Frauen bezeichnen dürften. Die Hetze gegen trans Personen gleicht der, die vor Jahrzehnten schwule und davor Schwarze Männer erfahren haben; sie werden als Sexmonster mit kriminell-perverser Energie karikiert. Unabhängig von der Fehlvorstellung der hochsexualisierten trans Person ist dieses

Narrativ auch angesichts der Fakten, dass trans Personen kaum als Sexualstraftäter*innen vorkommen, bewusst verleumderisch und höchst gefährlich. Die echten Täter sitzen immer noch am eigenen Küchentisch, in den eigenen Familien oder aber in abgeschotteten Organisationen wie der Kirche oder Vereinen. Die Sauna oder der Frauenraum zählen eher nicht zu den Gewalt-Hotspots.

Ich selbst habe eine öffentliche Frauentoilette nie als Schutzraum betrachtet. Ich habe dort auch noch nie eine fremde Vulva gesehen, nicht einmal einen nackten Hintern oder Brüste. Ich fühle mich auf öffentlichen Toiletten auch nie besonders frei oder sicher. Aber das Gefühl, nachts allein im Auto zu sitzen und verzweifelt eine Toilette zu suchen, die nicht dunkel, verdreckt und gefährlich ist, kenne ich sehr gut. Ebenso wie die Angst, wenn ich bei einer Veranstaltung drei Treppen hinunter, lange Flure entlang und dann am hintersten Ende ein WC finde, mich allein wähne und plötzlich Schritte höre. Meine Angst bezieht sich auf cis Männer, auf Täter, von denen ich schon so viele in Gerichtssälen gesehen habe. Es ist eine absurde Vorstellung, Menschen würden ihren Personenstand ändern, um Frauen auf öffentlichen Toiletten zu vergewaltigen, sich in Frauenselbsthilfegruppen einzuschleichen oder ein Frauenhaus zu bewohnen, um dort Gewalt auszuüben. Was mir Sorgen bereitet, ist, dass trans Personen durch diese panikmachende Propaganda immer und immer mehr Gefahren ausgesetzt werden. Mich interessiert, wie wir ihnen endlich ein gewaltfreies Leben ermöglichen können, wie wir ihnen Zugänge zu Toiletten und Saunen, Schwimmbädern und Fitnessclubs verschaffen. Mich interessiert, wann und wie diese Gesellschaft endlich anerkennen wird, dass Menschen nicht zwei Geschlechter haben, und es die Entscheidung einer jeden Person sein muss, wie sie lebt, wie sie sich definiert, wie sie angesprochen wird und wie sie aussieht.

Neben dem öffentlichen Raum stellt auch die Medizin ein großes Risiko für transfeindliche Diskriminierung dar. Oft werden trans Personen vom medizinischen Personal feindselig betrachtet und inkompetent behandelt.[129] Häufig werden ihre Erkrankungen auf die Transition geschoben, werden sie nicht richtig untersucht und letztlich bei Krankenhausbehandlungen auf Flure oder in Abstellräume geschoben, weil man sie keinem Zimmer zuweisen möchte. Diese Diskriminierungen führen dazu, dass überdurchschnittlich viele trans Personen keine Ärzt*innen aufsuchen, Krankheiten deshalb nicht erkennen oder diese verschleppen. Ein erhöhtes Gesundheitsrisiko also, ein potenziell tödliches Risiko. Dabei gibt es bisher »keine wissenschaftlichen Belege, dass sich die Krankheitsbilder von Trans- und Cis-Patienten unterscheiden«, schreiben Patrick Häge und Laura Kürbitz vom Institut für Sexualforschung und forensische Psychiatrie in Hamburg im *Spiegel*.[130]

Ärzt*innen genießen großes Ansehen, ihnen muss Vertrauen entgegengebracht werden, denn die meisten Menschen sind nicht fachkundig und benötigen Hilfe. Deshalb leisten sie den Genfer Eid, der beinhaltet, bei Ausübung des ärztlichen Berufes keinen Unterschied zu machen, weder aufgrund »von Alter, Krankheit oder Behinderung, Glaube, ethnischer Herkunft, Geschlecht, Staatsangehörigkeit, politischer Zugehörigkeit, Rasse, sexueller Orientierung, sozialer Stellung oder jeglicher anderer Faktoren«.[131] Gut wäre es, wenn sich alle daran hielten. Tatsächlich wird massiv unterschieden, werden Krankheiten von PoC oft verkannt, müssen viele Menschen mit Behinderungen um angemessene und qualifizierte medizinische Versorgung kämpfen, gibt es abhängig von dem jeweiligen Versicherungsstatus erhebliche Behandlungsunterschiede der Erkrankten und werden

Erkrankungen von Frauen seltener anerkannt und weniger ernst genommen als die von Männern. Frauen wird schnell unterstellt, sie würden sich ihre Krankheiten nur einbilden und »hysterisch« sein. Die britische Kulturhistorikerin Elinor Cleghorn schreibt in ihrem Buch *Die kranke Frau*, dass von der Antike bis in die Gegenwart das Klischee von der nur eingebildet kranken Frau kolportiert wird, was umso mehr gelte, wenn Schwarze Frauen über Schmerzen klagen. Sie beschreibt typische Frauenerkrankungen, die erst spät oder häufig gar nicht erkannt werden. Denn das bisherige Forschungsobjekt der Medizin war der mittelalte weiße, ungefähr 75 kg schwere Mann. Aber die Symptome sind bei Männern und Frauen oft unterschiedlich. Die Folge dieser ausschließlichen Beschäftigung mit dem cis Mann als Patient ist, dass das Risiko, an einem Herzinfarkt zu sterben, für Frauen acht Prozent höher ist als bei Männern, dass Erkrankungen wie Autismus, Migräne, Magenbeschwerden und viele andere bei Frauen seltener erkannt werden.[132]

Ein gutes Beispiel dafür ist die Erkrankung Endometriose, eine krankhafte, schmerzhafte Wucherung von Zellen der Gebärmutterschleimhaut außerhalb der Gebärmutterhöhle. Schätzungen zufolge sind mindestens zehn Prozent aller Menschen mit Uterus im gebärfähigen Alter an Endometriose erkrankt, in Deutschland rechnet man mit zwei Millionen Betroffenen,[133] und dennoch ist die Erkrankung wissenschaftlich unterforscht, wird von Gynäkolog*innen und Ärzt*innen oft nicht erkannt. Auch heute noch werden Frauen, die über erhebliche Menstruationsschmerzen klagen, nicht regelhaft und eingehend mit dem Verdacht auf Endometriose untersucht, was zu dem traurigen Ergebnis führt, dass sie über lange Zeiträume hinweg unter starken, oft chronifizierten Schmerzen leiden. Expertinnen sind sich darüber einig, dass, wenn es eine Erkrankung speziell von Männern gäbe, die zyklisch zu so großen Schmerzen und folglich zu Einschränkungen ihrer Aktivität, Lebensfreude, Vitalität und auch Produktivität führte, diese weit mehr erforscht und beachtet wäre.[134] Erst langsam entwickelt sich das Forschungsfeld der Gendermedizin, die untersucht, welche Unterschiede zwischen Männern und Frauen bei Gesundheitsfragen bestehen, welche Rolle das Geschlecht bei Erkrankungen, Behandlung, Forschung und Prävention spielt.

Die Medizin ist ein fruchtbares Feld für Sexismus, sowohl in der Behandlung als auch innerhalb des Medizinbetriebes, der weiterhin durch starke Hierarchien und ausbeuterische Arbeitsverhältnisse im gesamten Pflegebereich, in dem mehrheitlich Frauen arbeiten, gekennzeichnet ist. Das Erfordernis der Wirtschaftlichkeit im Gesundheitsbereich führt nicht nur zu katastrophalen Arbeitsbedingungen, sondern auch zu schlechter Versorgung. Besonders ersichtlich ist dies bei der Geburtshilfe. Fallpauschalen zwingen dazu, Gebärenden eher kostenintensive, aber abrechenbare Geburtsvarianten aufzudrängen, als ihnen die erforderliche Zeit und Betreuung für eine möglichst schmerzfreie und nicht traumatisierende Geburt zu ermöglichen. Jede dritte Frau berichtet laut einer Umfrage, dass sie während der Geburt ihres Kindes Momente erlebt hat, die sie als übergriffig, wenn nicht gar als gewalttätig erlebt hat. Betroffene beschreiben unangemessene Untersuchungen, schmerzhaftes Betasten, grenzüberschreitende Berührungen, verbale Gewalt, Respektlosigkeit und Beschimpfungen. Eine besonders widerwärtige Praxis ist der sogenannte »husband stitch«, der vielen Betroffenen nach einem Dammriss oder -schnitt »untergejubelt« wird. Dabei wird die Vagina besonders eng zusammengenäht, damit das »Lustempfinden« des Mannes nach einer Geburt nicht zu leiden habe. Frauen berichten von massiven Traumata nach der Geburt und von anhaltenden Schmerzen, die leicht hätten vermieden werden können, wenn sie richtig behandelt worden wären.[135]

Ute H. hatte mit ihrer Tochter eine schwere Geburt. Nach elf Stunden Wehen kam der Geburtsvorgang zum Stillstand, die Geburtsstation des Krankenhauses war überfüllt, die Hebamme hatte kaum Zeit für sie. »Mir wurde die ganze Zeit suggeriert, ich sei unfähig und würde irgendetwas falsch machen. Dabei habe ich mich so bemüht, was sollte ich denn tun?« Irgendwann wurde Ute H. an den Wehentropf gehängt, obwohl das Kind unauffällig war und sie sich Zeit lassen wollte. Dann ging alles sehr schnell, und als die Tochter gesund geboren war, war Utes Damm sehr weit gerissen. »Ich spürte von vornherein, dass irgendetwas nicht richtig war mit meiner Wunde oder Narbe, es tat so weh. Aber die im Krankenhaus und auch die nachbetreuende Hebamme meinten, das sei alles normal. Es tue eben weh, das gehe vorbei, ich hätte ja ein gesundes Kind und solle mich freuen.« Aufgrund der Schmerzen war ihr genau dies nicht möglich, sie konnte nicht aufstehen, nicht sitzen, sich nicht bewegen. Jede Bewegung schmerzte, und der Kontakt mit ihrem Säugling wurde zur Qual. Ihr wurde eine »Wöchnerinnendepression« diagnostiziert. Erst viele Schmerzen und Tage später, als der Tupfer, der im Damm unter der Naht vergessen worden war, herauseiterte und sie notärztlich versorgt werden musste, ließen die Schmerzen nach. Nach langem Überlegen sah sie von einer Schmerzensgeldklage ab, da ihr die Vorstellung, sich noch jahrelang damit auseinanderzusetzen, unerträglich war. Sie berichtete mir viele Jahre später, dass für sie der Geburtstag ihrer Tochter noch lange der blanke Horror gewesen sei, da sie immer pünktlich am Abend vorher eine Panikattacke erlebt habe.

In Deutschland werden mangels Rentabilität immer mehr Geburtenstationen geschlossen, Gebärende müssen oft Stunden anreisen, um einen Platz in einem Krankenhaus zu finden, viele prägt während der Schwangerschaft die Angst, keine ausreichende Versorgung zu finden. In vielen Ländern gibt es gar keinen Zugang zu sicheren Geburten, ein Zustand, der weltweit eher schlechter wird als besser. Die heutige erschreckende Statistik lautet: Alle zwei Minuten stirbt eine schwangere Person bei der Geburt.[136]

Wer gegen Sexismus eintritt, muss auch für reproduktive Gerechtigkeit kämpfen. Hierunter versteht man das Recht für alle auf sexuelle Autonomie, das Recht, Kinder zu haben oder nicht zu haben, und das Recht, Kinder unter sicheren Bedingungen gebären und aufziehen zu können. »Reproduktive Gerechtigkeit zielt damit nicht nur auf Geschlechtergerechtigkeit ab, sondern adressiert Ungleichheitsverhältnisse u. a. entlang der Linien von Rassismus, Klassismus, Ableismus, Ageism und ihren Intersektionen«, so die Rechtswissenschaftlerin Theresa Richarz.[137] Bisher ist reproduktive Gerechtigkeit nicht gegeben, das Feld der Reproduktion ist schwer umkämpft, denn die Regulierung davon, wer wann Kinder bekommen und wer davon abgehalten werden soll, ist ein wichtiges Instrument der Steuerung von Gesellschaften und Staaten. Beginnend bei Schwangerschaftsverhütungen über Geburten bis hin zu den Verboten von Abtreibungen und zu Zwangssterilisationen wird gewaltförmig das Selbstbestimmungsrecht von Frauen und Menschen mit Uterus eingeschränkt. Junge Frauen bekommen immer noch weltweit Hormone verschrieben, die häufig krebserregend und depressionsfördernd sind oder drastische Gewichtszunahmen oder -abnahmen verursachen. Hormonelle Verhütungsmethoden für Männer aber gibt es bis heute nicht. Bestimmte Frauen sollen keine Kinder bekommen und werden in den schlimmsten Fällen zwangssterilisiert. Vor allem betrifft dies Menschen mit geistigen Beeinträchtigungen, beispielsweise in den USA, aber auch Einwander*innen in Geflüchtetenunterkünften und PoC in Gefängnissen. In Deutschland mussten sich bis 2011 trans Menschen sterilisieren lassen, um ihren Personenstand ändern zu können.[138] Zwangssterilisationen sind seither verboten, trotzdem werden Frauen mit Behinderungen immer noch häufig sterilisiert. Die Juristin Julia Zinsmeister schreibt dazu: »So veranlasst die weit verbreitete Überzeugung, dass Frauen mit Behinderungen besser keine Kinder bekommen sollten, viele rechtliche Betreuer*innen, Angehörige und Ärzt*innen, Frauen mit Lernschwierigkeiten durch Fehlinformationen zur Einwilligung in ihre Sterilisation zu bewegen.«[139] Es ist in dieser Gesellschaft nicht allen gleich möglich, Kinder zu bekommen. Die einen werden in ihrem Kinderwunsch gestärkt und erhalten bezahlte medizinische Unterstützung, den anderen wird sie verweigert, Dritten werden Depotspritzen zur Empfängnisverhütung gesetzt. Gemeinsame Elternschaft wird bei heterosexuellen Paaren gefördert, bei queeren Menschen mit Hürden wie Adoptionserfordernissen torpediert und bei armen oder behinderten Menschen, bei Elternteilen ohne Aufenthaltserlaubnis häufig verunmöglicht. Alles abhängig davon, wessen Nachwuchs erwünscht ist und wessen eben nicht.

Der selbstbestimmte Wunsch nach Sterilisation von Frauen, die sich bewusst gegen das Kinderkriegen entschieden haben, wird meist nicht ernst genommen. Eine Frau ohne Kinder wird entweder als psychisch beeinträchtigt, bedauernswert oder als egoistisch angesehen. Immer wieder berichten mir Mandantinnen von Anfeindungen und Bedrohungen, häufig auch digital. Sie werden als »Alte Jungfer«, »Ungefickte Egoistin« oder »Karrieregeile Sau« bezeichnet, wie üblich ist der verbale Hass auch hier erfinderisch. Es ist schwer, sich offen damit auseinanderzusetzen, ob Muttersein für eine selbst der richtige Weg ist, denn das Bild der Erfüllung des Frauenlebens durch die Mutterschaft ist nahezu unantastbar. 2015 haben Frauen es erstmals gewagt, ihre negativen Erfahrungen mit Mutterschaft zu formulieren, und unter dem hashtag #regrettingmotherhood in den sozialen

Medien öffentlich darüber gesprochen. Diese Diskussion hat das Deutsche Institut für Wirtschaftsförderung 2018 veranlasst, eine Studie in Auftrag zu geben, die ergab, dass Mutterschaft für 30 Prozent der Mütter zu einer Verschlechterung ihrer Lebensqualität geführt hat. Es gebe einen substanziellen und statistisch signifikanten negativen Effekt auf das mentale Wohlbefinden.[140] Finanziell sind die Einbußen sowieso riesig, Frauen mit einem Kind verdienen im Schnitt 40, ab drei Kindern sogar 70 Prozent weniger als Frauen ohne Kinder. Da das gesellschaftlich anerkannte Bild der erfüllten Frau aber erst mit der Mutterschaft erreicht wird, werden diese Fakten ignoriert. So nehmen viele Frauen, wenn es ihnen nicht gelingt, schwanger zu werden, mannigfaltige und häufig emotional wie finanziell äußerst belastende Kinderwunschbehandlungen in Kauf. Es ist selbstverständlich völlig in Ordnung, wenn sich Personen mit unerfülltem Kinderwunsch behandeln lassen, das Selbstbestimmungsrecht beinhaltet auch, sich für bestimmte Eingriffe entscheiden zu können. Voraussetzung ist aber, dass die Betroffenen gut aufgeklärt und aus eigenem Willen die Strapazen auf sich nehmen, dass der Antrieb selbstbestimmt ist und nicht kapitalistischen oder/und patriarchalen Zwängen entstammt.

Das kontroverseste und am stärksten polarisierende Thema in der Reproduktion ist der Schwangerschaftsabbruch. Schwangerschaften gegen den Willen der Schwangeren austragen zu müssen ist Gewalt, die gesundheitlichen und psychischen Schäden bei den Betroffenen sind massiv. Dennoch will dies eine starke Bewegung aus Abtreibungsgegner*innen und selbsternannten Lebensschützer*innen – mit zunehmendem Erfolg. In den USA werden erkämpfte Rechte auf sichere und selbstbestimmte Abtreibungen in den letzten Jahren massiv eingeschränkt, ein großer Triumph war für diese Bewegung die Aufhebung des Urteils Roe gegen Wade 2020, das ein landesweites Abtreibungsrecht beinhaltete. In Staaten wie Arkansas oder Louisiana sind Abtreibungen nicht mehr erlaubt, selbst nicht bei Vergewaltigungen oder Fällen von Inzest. Jeden Monat schließen sich weitere Staaten der sogenannten Pro-Life-Bewegung an. Nach einer Studie des Guttmacher Institute vom Januar 2023 sollen in den USA im Laufe der nächsten Jahre voraussichtlich 24 von 50 Staaten Abtreibungen verbieten.[141] Selbsternannte Lebensschützer*innen sind auch in Europa, auch in Deutschland aktiv und im Vormarsch. Dabei geht es ihnen nicht um das »ungeborene Leben«, sondern um Macht über Reproduktion. Ginge es um Leben, wären schon längst viel bessere Verhütungsmittel kostenlos und überall erhältlich, würden Schwangere hinreichend unterstützt, wären Kitaplätze keine Mangelware, würde Care-Arbeit finanziell angemessen entlohnt und stünden ständige kostenlose und gut ausgebildete Berater*innen zur Verfügung, die sich um Kinder kümmerten. Es ist allgemein bekannt, dass Einschränkungen von Abtreibungsmöglichkeiten nicht zu weniger Abtreibungen führen, sondern nur zu größeren Risiken für die Schwangeren. Nach Schätzungen der WHO sterben jährlich 39 000 Frauen an unsachgemäß durchgeführten Abtreibungen.[142]

In Deutschland existiert weiterhin der Paragraf 218 im Strafgesetzbuch. Der grundsätzliche Zugriff auf Frauenkörper, die Bevormundung aller, die gebären können, kurz, die Missachtung des Selbstbestimmungsrechts kann nicht deutlicher demonstriert werden als mit der grundsätzlichen Kriminalisierung von Abtreibungen, die nur ausnahmsweise, wenn staatliche Erfordernisse erfüllt sind, gerechtfertigt sein können. Bis vor Kurzem war sogar das Werben für Schwangerschaftsabbrüche kriminalisiert, wobei Werben mit Aufklären gleichgesetzt wurde. Ärzt*innen, die auf ihren Websites die medizinischen Eingriffsmöglichkeiten in ihren Praxen erklärt haben, wurden reihenweise kriminalisiert. Neben den strafrechtlichen Verfahren wurden und werden sie öffentlich diskreditiert und angegriffen. Mit der Folge, dass sich viele Ärzt*innen mittlerweile weigern, Schwangerschaftsabbrüche durchzuführen, und die Versorgungslage an vielen Orten zunehmend prekär ist. Es gibt den feststehenden Begriff der »Gehsteigbelästigungen«, der meint, dass Abtreibungsgegner*innen in unmittelbarer Nähe von Praxen, in denen Abbrüche durchgeführt werden, protestieren dürfen. Sie halten eingeschweißte Embryonen in die Höhe, singen, beten und belästigen die Patient*innen. Auch das ist Gewalt, auch das ist patriarchaler Hass. Sehr viele Menschen, die einen Uterus haben, müssen sich in ihrem Leben mit der Frage beschäftigen, ob sie eine Schwangerschaft austragen wollen oder nicht. Und dennoch ist es immer noch ein Tabu, über Abtreibungen zu sprechen. Charlotte Gneuß und Laura Weber schreiben dazu in *Glückwunsch*, einer Anthologie über Abtreibung: »Diese Sprachlosigkeit isoliert die einzelne, sie sperrt sie in jenes Gefängnis aus Schweigen, Schuldzuweisungen und Scham, in dem Frauen seit Jahrhunderten stecken, wenn sie nicht ihren Lebensentwurf aufgeben wollen wegen der Krankheit, an der nur Frauen leiden und die sie zu Hausfrauen macht, wie Ernaux es beschreibt.«[143]

Wenn es um Fragen der geschlechtergerechten Gesundheit geht, darf an dieser Stelle nicht unerwähnt bleiben, welch direkte und massive Folgen geschlechtsbezogene Gewalt hat. Betroffene leiden unter psychischen Langzeitschäden, posttraumatischen Belastungsstörungen, Angst- und Panikattacken, Albträumen, psychosomatischen und physischen Folgen. Allerorten fehlt es an spezialisierten Beratungsangeboten und Therapeut*innen, viele Betroffene finden nie, manche erst nach Jahren Zugang zu angemessener Therapie. Immer wieder erlebe ich, dass Mandant*innen in den ersten Monaten nach der erlebten Gewalt zunächst einigermaßen gut aufgestellt sind. Sie sind zuversichtlich, dass sie die Tat(en) verarbeiten können, und suchen psychotherapeutische Unterstützung. Wenn sie diese aber nicht finden, sie immer wieder abgewiesen werden und nicht die finanziellen Mittel für eine private Therapie haben, wird der Leidensdruck immer größer.

Romina S. wuchs auf einem Wagenplatz auf, die Behörden interessierten sich nicht für das Kind aus der Rom*nja Familie. Sie wurde nie beschult, in ihrer Kindheit schwer misshandelt, als Jugendliche musste sie sich prostituieren. Aus der Familie herausgekommen ist sie, als sie zum wiederholten Male bei Diebstählen erwischt wurde und die Frau der Jugendgerichtshilfe ihre Lebenssituation richtig erfasste. Sie wurde in eine andere Stadt gebracht, lernte Lesen und Schreiben und begann, wie sie selbst sagte, »zu leben«. Sie war auf gutem Wege, hatte ihre eigene Wohnung, eine Handvoll Freund*innen, eine Arbeit in einer Großküche. Bis sie auf H. stieß und die beiden ein Paar wurden. H. misshandelte und vergewaltigte sie immer wieder. Als sie ihn anzeigte, glaubte man ihr nicht, obwohl sie zahlreiche Narben und Spuren der Gewalt aufwies. Eine Gutachterin diagnostizierte ihr eine Borderlinestörung und kam zu dem Schluss, dass nicht hinreichend erwiesen werden könne, was sie tatsächlich mit H. erlebt habe und was Erinnerungen aus der Vergangenheit seien. Das Verfahren wurde eingestellt. Romina konnte es nicht fassen. Sie versuchte verzweifelt, eine Psychotherapie zu bekommen, aber dies misslang. Ein paar Jahre später bekam sie ein Kind, das ihr kurz nach der Geburt vom Jugendamt weggenommen wurde. Sie wehrte sich lautstark dagegen und wurde eine Zeit lang in einer Klinik untergebracht. Als sie herauskam, hatte sie aufgegeben. Ich treffe sie jetzt manchmal in dem Park, in dessen Nähe ich wohne. Manchmal erkennt sie mich, und wir reden ein bisschen, immer wieder sehe ich sie mit irgendwelchen Männern, die sie mit Drogen und Alkohol versorgen. Früher kam sie alle paar Monate unter irgendwelchen Vorwänden in mein Büro. Wir haben etwas geplaudert, ich habe irgendwelche Anträge für sie ausgefüllt und ihr einen Kaffee gemacht. Jetzt kommt sie nicht mehr.

Manche Betroffene schaffen es nicht. Die meisten, weil sie nicht die Unterstützung bekommen, die sie bräuchten. Weil wir ein Gesundheits- und Sozialsystem haben, das allzu viele Menschen durchfallen lässt, weil es zunehmend auf Profit und nicht auf Fürsorge gerichtet ist. Das gilt für alle Menschen, aber nicht für alle gleich.

ÖKONOMISCHE GEWALT

Betroffene geschlechtsbezogener Gewalt erhalten auch keine Entschädigungen oder angemessene Schmerzensgeldzahlungen. Ausnahmsweise werden sie nach dem Opferentschädigungsgesetz unterstützt. In der Regel werden die Anträge abgelehnt, da sie die hohen Maßstäbe des Gesetzes nicht erfüllen. Sie haben aber grundsätzlich, wenn sie die Gewalt beweisen können, Ansprüche auf Entschädigung durch den Schädiger. Einige geben viel Geld für zivilrechtliche Verfahren aus und erlangen ein Urteil, aus dem sie dreißig Jahre lang gegen den Schädiger vollstrecken, den Lohn pfänden und Gerichtsvollzieher beauftragen können. Aber wie sollen sie an das Geld rankommen, wenn der Täter unbekannt oder verzogen, arm oder arm gerechnet ist? Auch sind die Summen, die sie erlangen können, so niedrig, dass manche es von vornherein nicht versuchen. Eine »durchschnittliche« Vergewaltigung »bringt« circa 5000–10 000 Euro Schmerzensgeld, ein gebrochener Arm circa 1000 Euro. Würgen kostet noch weniger, denn da bleiben kaum Schäden zurück, Beleidigungen, Bedrohungen und Stalking kosten die Täter*innen gerade mal ein paar Hundert Euro. Man darf gar nicht daran denken, mit wie viel Geld der Kratzer am neuen SUV ausgeglichen wird. Es gibt Fonds für Verkehrsunfallopfer, für Opfer extremistischer Taten, für Opfer sexuellen Missbrauchs in der Kindheit. Für erwachsene Opfer geschlechtsbezogener Gewalt gibt es nichts. Frauen müssen selbst für die Schäden aufkommen.

Oft kommt eine Form der Gewalt nicht allein. Frauen müssen stets zusätzlich mit ökonomischer Gewalt rechnen. Auch diese Form geschlechtsbezogener Gewalt hat viele Facetten. Sie äußert sich nicht nur darin, dass Frauen weniger verdienen, wegen des Ehegattensplittings bei Trennungen häufig extrem benachteiligt sind, mit Eheverträgen geknebelt werden und aufgrund unbezahlter Care-Arbeit erheblich in ihrer Altersversorgung beschränkt sind. Frauen müssen, wenn sie physische oder sexualisierte Gewalt öffentlich machen, auch ihren finanziellen Ruin befürchten. Gerade wenn die Täter wohlhabende oder prominente Männer sind, ist die Position vieler Betroffener fatal. CORRECTIV und *SZ* sind Fällen von insgesamt neun Ex-Frauen und -Freundinnen von Profi-Fußballspielern nachgegangen, die von körperlicher, psychischer und ökonomischer Gewalt sprechen. Die Vorwürfe betreffen unter anderem sechs ehemalige Nationalspieler und einen Bundesligaspieler. Viele der Frauen sagen, dass die Männer von einem Schutzpanzer aus Macht, Geld und totaler Kontrolle umgeben sind, der die Frauen daran hindert, sich zu wehren oder die Taten publik zu machen.[144] Häufig mussten die Frauen schon während der Beziehung oder kurz vor deren Ende Verschwiegenheitsverpflichtungen unterzeichnen, die ihnen horrende Strafzahlungen auferlegten, sollten sie über die Beziehung sprechen. In den USA sind diese Non-Disclosure Agreements schon lange üblich, wenn auch sehr umstritten. In Deutschland gibt es zu solchen Verschwiegenheitsverpflichtungen kein Gesetz. Auch wenn Erklärungen dieser

Art in vielen Fällen sittenwidrig und damit nichtig sein dürften, entfalten sie doch eine enorme Wirkung. Allein das Risiko, zahlen zu müssen, reicht in der Regel aus, um die Betroffenen zum Schweigen zu bringen.

Ökonomische Gewalt ist auch am Wirken, wenn Väter nach der Trennung für ihre Kinder keinen Unterhalt bezahlen. Nach einer Studie des Deutschen Jugendinstituts aus dem Jahr 2021 erhalten von den Kindern, für die laut Auskunft der befragten Alleinerziehenden Unterhaltszahlungen vereinbart oder festgelegt wurden, mehr als ein Drittel keinen oder nur unvollständigen Unterhalt vom anderen Elternteil. Bei ungefähr der Hälfte davon kommt gar kein Unterhalt an, nur jedes vierte Kind bekommt den gesetzlich festgelegten Mindestunterhalt oder mehr.[145] Mir berichten viele Mandantinnen, dass sie große Schwierigkeiten mit dem Unterhalt durch den Kindesvater haben. Entweder zahlen die Väter nicht, weil sie plötzlich »unverschuldet« entlassen werden oder aber nur noch in Teilzeit arbeiten und unter dem sogenannten Selbstbehalt liegen. Es ist ungeheuer schwierig, ihnen nachzuweisen, dass die Angaben nicht stimmen, und selbst wenn die Gerichte Unterhalte nach Vollzeitbeschäftigungen fiktiv berechnen, gibt es kaum Möglichkeiten, die Ansprüche zu vollstrecken. Manche Väter zahlen immer ein paar Tage zu spät oder unregelmäßig, manche zahlen sehr wenig, überhäufen die Kinder beim Umgang aber mit teuren Geschenken. Alena B. beschreibt es so: »Jeden Monat musste ich wieder warten, ob er das Geld zahlt. Ich war immer im Dispo, und oft zahlte er erst, wenn meine Anwältin ihn aufgefordert hat, und dann kam wieder zu wenig Geld. Manchmal kamen auch ein paar Euro zu viel, das forderte er dann zurück. An Klassenfahrten beteiligte er sich nur, wenn meine Anwältin ihm schrieb. Es fühlte sich an, als winkte er mir über meinen Kontoauszug zu und lachte mich hämisch aus. Als ich wieder etwas auf die Füße gekommen war und arbeiten konnte, habe ich auf den Unterhalt verzichtet. Seitdem schenkt er den Kindern auch nichts mehr.« Es ist eine absichtsvolle Strategie, die Ex-Partnerin derart zu terrorisieren.

Nicht nur in der Beziehung kommt ökonomische Gewalt gegen Frauen zum Tragen, auch gesamtgesellschaftlich ist sie allgegenwärtig. Frauen verdienen nach Auskunft des statistischen Bundesamtes in Deutschland pro Stunde durchschnittlich 18 Prozent weniger als Männer. Dies wird zum einen damit begründet, dass sie in Berufen arbeiten, die weniger gut vergütet sind, und häufiger in Teilzeit arbeiten. Aber auch wenn sie vergleichbare Qualitäten, Tätigkeiten und Erwerbsbiografien wie Männer vorbringen, verdienen sie im Schnitt 7 Prozent weniger pro Stunde als ihre männlichen Kollegen.[146] Unzählige Frauen arbeiten immer noch unbezahlt im Haushalt, während ihre Ehemänner die eigenen Karrieren ausbauen. Kein Wunder, dass in einer patriarchalen Gesellschaft die sogenannte Hausfrauenehe immer noch glorifiziert wird, dass das Leben in der Kleinfamilie mit arbeitendem Vater und versorgender Mutter als Idealbild dargestellt wird. Die italienische Philosophin Silva Federici prägte dazu bereits 1975 den auch heute noch geltenden Satz: »Sie nennen es Liebe, wir nennen es unbezahlte Arbeit.« Häufig werden Frauen vor der Eheschließung Eheverträge aufgedrängt, in denen sie bei einer Ehescheidung auf jeglichen Zugewinn, Unterhalt oder Rentenanspruch verzichten. Gegen diese vorzugehen ist rechtlich schwierig und oft erfolglos. Der Nachweis der Sittenwidrigkeit ist schwer zu erbringen, gehen Gerichte doch davon aus, dass nur selten so gravierende Machtunterschiede zwischen den Vertragsschließenden bestünden, dass diese rechtlich beachtlich seien. Vor allem aber führen die Verträge dazu, dass Frauen eher in schlechten, oft auch gewalttätigen Ehen verbleiben, als bei einer Trennung dem finanziellen Ruin ins Auge zu blicken.

Selbst wenn es einigen Frauen gelingt, ökonomisch unabhängig zu sein und vereinzelt Aufsichtsrats- oder Vorstandsposten zu ergattern, kann noch lange nicht von gesamtgesellschaftlichem Fortschritt die Rede sein. Meist gelingt dieser »Aufstieg« nur auf Kosten anderer Frauen, da sich die »Aufsteigerinnen« ihre Karrieren nur deshalb leisten können, weil sie Kindererziehung, den Haushalt und andere Care-Arbeit durch strukturell geschwächtere Frauen verrichten lassen. Der Erfolg weniger Frauen ist deshalb nicht Teil der Lösung, sondern trägt zur weiteren Ausbeutung marginalisierter Frauen bei. Teresa Bücker schreibt in dem Zusammenhang: »Diese bequeme Lösung verhindert eine ehrliche Debatte über Equal Care und lässt völlig außer Acht, dass das Outsourcen von Care meist prekäre Arbeitsverhältnisse bedeutet und die Gleichberechtigung von Menschen verhindert, die als moderne Dienstbotinnen für andere tätig sind.«[147]

Frauen werden weltweit ausgebeutet, sie arbeiten als billige Arbeitskräfte, als Hausangestellte, Fabrikarbeiterinnen, Putzfrauen, Altenpflegerinnen, Krankenschwestern. In Verhältnissen, in denen auch Männer ausgebeutet werden, wie etwa in der Erntehilfe, werden Frauen in der Regel noch schlechter als ihre männlichen Kollegen bezahlt. In vielen Fällen sind sie Arbeitsbedingungen ausgesetzt, die zusätzlich noch sexualisierte und physische Gewalt begünstigen. 2018 wurde ein Bericht über Arbeiterinnen in der spanischen Region Huelva veröffentlicht. Die Arbeiterinnen erzählten, dass sie von ihren Vorgesetzten schikaniert, vergewaltigt, erpresst, körperlich misshandelt oder beleidigt wurden und dass sie diesen schutzlos ausgeliefert waren. Strafverfahren oder Gerichtsverfahren änderten an diesen Zuständen nichts, letztlich mussten die Frauen das Land verlassen und verloren die Möglichkeit, Geld zu verdienen.[148] Es muss davon ausgegangen werden, dass sich die Situation aufgrund der

COVID-Pandemie eher noch verschlechtert hat. In Deutschland besteht das höchste Armutsrisiko für Alleinerziehende, 43 Prozent der Ein-Eltern-Familien gelten als einkommensarm, 88 Prozent der Alleinerziehenden sind Frauen.[149] Im Zuge der Pandemie wurde das öffentliche Gemeingut weltweit weiter zersetzt, überall wurden Sozialleistungen gekürzt, was unter anderem dazu geführt hat, dass Arbeiter*innen mehr und mehr ausgebeutet wurden. Und das bestätigt, was bell hooks bereits 2000 schrieb: »Die Aushöhlung der Sozialversicherungssysteme wird eine neue Unterschicht von Frauen und Kindern hervorbringen, die von den bestehenden Herrschaftsstrukturen missbraucht und ausgebeutet werden können, was umso deutlicher macht, dass die ›Freiheit‹ der Frauen aus privilegierten Klassen, von der Versklavung untergeordneter Gruppen abhängig ist.«[150] Dies wiederum erzeugt mehr Gewalt, mehr Hass, mehr gesundheitliche Probleme, bei immer geringeren Sozialleistungen. Für eine gerechtere Gesellschaft ist es, unter anderem Teresa Bücker zufolge, erforderlich, die eigenen Privilegien zu hinterfragen und aufzugeben: »Erst wenn wir verstehen, wie ökonomische Gefälle dazu führen, dass Menschen unterdrückt werden, und auf welche Weise wir an der Ausbeutung anderer beteiligt sind, gelingt Gleichberechtigung – egal, ob global oder in engeren Beziehungen.«[151]

Unser berufliches Dasein ist aber nicht nur von ökonomischer Diskriminierung geprägt, sexuelle Belästigung am Arbeitsplatz ist ebenso Alltag. Auch wenn seit einigen Jahren versucht wird, dies einzudämmen, sei es mit Öffentlichkeitskampagnen oder mit gesetzlichen Regelungen wie dem Antidiskriminierungsgesetz. Aber diese greifen häufig nicht. Frauke H. hat in einem hippen Architekturbüro gearbeitet und war überglücklich, die Stelle ergattert zu haben. »Mein Chef protegierte mich besonders, er unterstützte mich, wo er konnte. Das war anfangs toll, bis er anfing, mir doch etwas zu nah zu kommen, mal eine Hand hier, mal da. Die Begrüßungen wurden zudringlicher, einmal hatte ich seine Hand auf meiner Brust. Ich bin so wütend geworden, aber ich wusste nicht, was ich tun sollte. Ich habe mich einer Kollegin anvertraut, die sagte, das läuft immer so am Anfang mit den neuen Kolleginnen. Sie sei da auch durch. Es würde besser werden, wenn es eine neue Kollegin gibt. Er sei nur an ›Frischfleisch‹ interessiert. Sprich das an, dann bist du unten durch. Und nicht nur hier, sondern überall in der Stadt. Der kennt doch jeden. Als er mich zum dritten Mal zu einer ›Besprechung‹ nach Hause eingeladen hat und ich unter fadenscheinigen Gründen abgesagt habe, wurde er unfreundlich. Er verlängerte meine Probezeit nicht, und ich ärgere mich bis heute, dass ich nichts unternommen habe. Ich bin männlichen Kollegen seitdem total misstrauisch gegenüber, versuche immer auszuweichen, vorauszuplanen, unmissverständlich zu sein. Das alles hindert mich daran, mich einfach auf die Arbeit zu konzentrieren.« Geradezu lehrbuchhaft erscheinen in diesem Zusammenhang auch die Ereignisse um den ehemaligen *Bild*-Chef Julian Reichelt und die misogynen Machtstrukturen innerhalb des Springer Konzerns, die ausführlich in dem Podcast »Boys Club« von Pia Stendera und Lena von Holt nachzuhören sind. Überall da, wo es Macht und Abhängigkeiten gibt, kann es zu Machtmissbrauch kommen, und überall dort wird häufig geschlechtsbezogene Gewalt ausgeübt.

Die Gewalt gegen Frauen wird uns andauernd vorgeführt und in der tausendfachen Wiederholung normalisiert. Wer kennt ihn nicht, den Serienkiller, der eine Frau nach der anderen ermordet? Die Frauen kommen nicht zu Wort, manchmal sieht man sie noch rennen, flehen, schreien. Häufig aber liegen sie schon auf dem Obduktionstisch, noch erstaunlich attraktiv, immer auffällig jung. Und warum tun die Täter es, warum morden, quälen, vergewaltigen sie? Weil ihre Mütter sie verlassen, geschlagen, missbraucht haben, weil sie als Jungs unterdrückt wurden, weil sie nie eine Freundin hatten oder von der letzten übel verlassen wurden. Erzählungen, die immer und immer und immer wiederholt werden. Eine von der Malisa Stiftung in Auftrag gegebene Studie über die Darstellung geschlechtsspezifischer Gewalt im deutschen Fernsehen kommt zu dem Ergebnis, dass geschlechtsspezifische Gewalt in rund einem Drittel der Sendungen vorkommt.[152] Häufig handelt es sich dabei um explizite und schwere Gewalt gegen Frauen und Kinder. Am häufigsten kommt sie in fiktionalen Programmen vor (66 %), innerhalb dieser meist in Krimi-Serien (26 %) und Spielfilmen (13 %). Dabei ergreifen die Betroffenen von geschlechtsspezifischer Gewalt nur in 8 Prozent der Darstellungen selbst das Wort.[153]

Was macht dies mit einer Gesellschaft, der massenweise reduktive, frauenverachtende Bilder vorgeführt werden? Was bedeutet es, dass Einschaltquoten immer noch mit möglichst brutalen Szenen von Frauenhass erzielt werden? Wer ist sichtbar auf der Leinwand, wer taugt als Vorbild? Wie sehr werden Geschlechterbilder im Film und auch in der Werbung tradiert? Was machen Formate wie »Germany's Next Topmodel« oder »Bauer sucht Frau« mit den Konsument*innen? Und warum verschwinden Frauen über fünfzig aus der Bilderwelt? Es gibt doch genug

Heldinnen, genug Vorbilder, genug eindrückliche Geschichten zu erzählen über Opfer von männlicher Gewalt, ohne die Gewalt zu verherrlichen.

Selbst explizite Kampagnen gegen Gewalt gegen Frauen reproduzieren häufig genau die Gewalt, die sie angehen wollen. Die Philosophin Elsa Dorlin beschreibt in ihrem Buch *Selbstverteidigung* das Problem, dass die Kampagnen häufig niedergeschlagene, blutverschmierte, verprügelte Frauen und tote Körper abbilden, oft sind sie jung, weiß und schlank. »Was diese Photographien beherrscht, sind Spuren, Zeichen einer Handlungsmacht, die dazu fähig ist, auf dem Körper des anderen ihre Spuren zu hinterlassen: die Fähigkeit zu extremer Gewalt. Die öffentlichen Kampagnen sind ein Tribut an die Aggressoren. (…) Die Erotisierung des Leidens der Körper trägt zur Selbstbefriedigung, zur trunken machenden Ästhetisierung der Handlungen der Gewalttäter bei. Was diese Kampagnen mit anderen Worten zeigen und an was und wen sie sich richten, ist die lustvolle Gewalt der Akteure der Gewalttaten.«[154]

Ich will sie mir nicht mehr ansehen, die vielen Vergewaltigungen, Schläge und Herabwürdigungen von Frauen. Diese Darstellungen sind eine Beleidigung all der mutigen, kämpferischen, lustigen und stolzen Frauen, die ich seit Jahrzehnten vertrete. Und sie führen zu weiterer Gewalt. Ich will andere Bilder sehen, Kampagnen, die problematische Männlichkeit adressieren, die Täterstrategien und sexistische Strukturen offenlegen, die Frauenhass sichtbar machen, ohne ihn zu reproduzieren.

Gegen Sexismus und Frauenhass muss auf allen Ebenen, so früh wie möglich und mit vielen Ressourcen, Fantasie und Mut gekämpft werden. Dabei reicht es nicht, sich den Unterdrückungsmechanismen entgegenzustellen, Menschen müssen befähigt werden, Geschlechtergerechtigkeit zu verstehen und dafür einzutreten. Dies fängt bei der Erziehung, der Bildung an. Die jungen Aktivist*innen der Gruppe »Keine Schule ohne Feminismus« haben es 2021 in einem offenen Brief an die Bildungsministerin so formuliert:

Wir wollen über die Geschichte der FLINTA und über die der Kämpfe von FLINTA* lernen.*
Wir wollen Vorbilder entwickeln können, die nicht weiß und cis-männlich sind.
Wir wollen wissen, wie und warum das Patriarchat entstanden ist.
Wir wollen lernen, wie wir uns und andere richtig befriedigen können.
Wir wollen lernen, warum das Nachbarsmädchen früher Riccardo hieß.
Wir wollen mit richtigen Pronomen angesprochen werden.
Wir wollen nicht, dass die männliche und eurozentristische Geschichte als Weltgeschichte deklariert wird.
Wir wollen damit aufhören können, uns wichtiges Wissen selbst beibringen zu müssen.
Vor allem aber wollen wir gesehen und gehört werden.

Bis dahin ist es noch ein weiter Weg. Oft fehlt es am grundlegenden Verständnis, wie eine gerechte Welt überhaupt geschaffen werden kann. Dies zeigt sich schön und kurz an der Geschichte um die Statistik zu politisch motivierter Kriminalität, die BKA und Bundesinnenministerium jährlich herausgeben. Seit 2022 gibt es drei neue Kategorien, nämlich »frauenfeindlich«, »geschlechtsbezogene Diversität« und »männerfeindlich«. Für das Jahr 2022 wurden 206 Fälle als frauenfeindlich, 417 als diversfeindlich identifiziert. Bei den männerfeindlichen Delikten tat man sich schwerer, nur sechzehn solcher Taten konnten identifiziert werden. Was soll das auch sein, politisch motivierte

Männerfeindlichkeit? Nach Einschätzung des BKA und des Innenministeriums zum Beispiel folgende Straftat: Ein Graffiti in Berlin-Friedrichshain, das fordert: »Feminism is for everyone« und »Das Patriarchat zerschlagen«.[155]

Genau so ist es falsch.

Also – wann, wenn nicht jetzt? Smash the Patriarchy – Solidarität ist unsere Waffe!

SOLIDARITÄT IST UNSERE WAFFE

Lisa M. ist tot.
Weil ihr Ehemann sie getötet hat.
Weil er es konnte.
Weil sie in kein Hochrisikoprogramm aufgenommen wurde.
Weil ihre Schwiegermutter, die Bekannten und Mitarbeiter*innen weggesehen haben.
Weil es angeblich niemanden etwas angeht, was in den Familien passiert.
Weil sie keine Möglichkeit hatte, sich zu wehren.
Weil sie Angst hatte.
Weil er sie jahrelang misshandelt, vergewaltigt, gedemütigt hat.
Weil sie ihm vertraut hat.
Weil sie gemeinsame Kinder hatten.
Weil ihm geglaubt wurde.
Weil die Justiz versagt.
Weil sie nicht gehört wurde.
Weil männlicher Hass Alltag ist.
Weil Frauen mit dem Schutz ihrer eigenen Unversehrtheit allein gelassen werden.
Weil Freiheit vor allem männliche Freiheit ist.
Weil sie eine Frau war.

Verbrennt Eure Angst!, so heißt das feministische Manifest des chilenischen Kollektivs LASTESIS. Es ist an der Zeit. Auch wenn Angst an vielen Orten begründet ist, es vernünftig ist, wachsam zu sein, manchmal erforderlich, um zu überleben. Angst lähmt, und genau das beabsichtigen die, die sie einflößen. Meine Mandantin Gülistan M. erzählte mir einmal folgende Geschichte: »Ich habe in drei verschiedenen Frauenhäusern gelebt, habe die Stadt fünfmal gewechselt. Immer habe ich mich versteckt, alle Kontakte abgebrochen, von Neuem begonnen. Immer hatte ich Angst. Ich konnte nicht schlafen, habe drei Schlösser an meiner Tür angebracht. Meine Kinder durften auf kein Klassenfoto, haben neue Namen bekommen. Und dann hat er uns doch wiedergefunden. Ich habe das viele Jahre gemacht, jetzt sind die Kinder groß und aus dem Haus. Ich wollte so nicht weiterleben. Also bin ich mit zwei Freundinnen zu ihm gefahren. Das war vor zehn Monaten. Wir standen einfach vor seiner Tür. Er hat geöffnet und total blöd geguckt. Ich habe ihm gesagt, dass er mich jetzt töten kann, es ist sowieso alles egal. Aber ich werde nicht mehr weglaufen. Er wirkte verunsichert und hat die Tür wieder zugemacht. Es fühlte sich unfassbar an. Bisher hat er sich nicht wieder gemeldet.« Es ist mutig und oft sehr riskant, sich der Angst entgegenzustellen. Nicht nur der Angst vor den Tätern, auch vor den tiefen Abgründen, die die Taten verursacht haben. Jede einzelne Betroffene verdient Anerkennung und größten Respekt.

In *Die Patriarchen* schreibt Angela Saini: »Der Schaden, den geschlechtsspezifische Unterdrückung anrichtet, ist nicht nur wirtschaftlicher oder physischer, sondern auch emotionaler und psychischer Natur.«[156] Manche Autorinnen sprechen von einem kollektiven Trauma aller Frauen, das durch jahrhundertelange Unterdrückung, durch körperliche, psychische und sexualisierte Gewalt entstanden ist.[157] Es kostet uns, die in dieser Gesellschaft aufgewachsen sind, sehr große Mühen, die so verinnerlichten Strukturen zu erkennen. Um sie aufzubrechen, brauchen wir nicht nur den Willen zur Veränderung, sondern auch Kraft. Die einzelne ist womöglich nicht imstande diese Kraft aufzubringen, im gemeinsamen, solidarischen Handeln aber kann sie sich entfalten.

Das Manifest von LASTESIS beginnt mit dem Satz: »Was eine von uns erlebt, erleben wir alle.«[158] Tatsächlich aber fühlen wir kaum mehr mit, wenn wieder eine Unbekannte getötet wird, wundern uns nicht einmal, wenn eine Frau mit ihren Kindern verschwindet, sind nur kurz erschüttert, wenn das BKA neueste Zahlen zu Gewalt gegen Frauen veröffentlicht. Vielleicht ertappen sich einige bei dem Gedanken, froh zu sein, dass es nicht sie selbst getroffen hat, dass ihr Partner sie nicht schlägt, sie bisher nicht vergewaltigt wurden. Vielleicht denken sie sogar, dass die Opfer eben doch den falschen Mann, die falsche Uhrzeit, das falsche Getränk oder Kleid gewählt haben oder einfach nicht emanzipiert genug waren. Solidarität und Empathie müssen gelernt werden, sie auszuüben ist keine Selbstverständlichkeit. Gemeinsam zu sprechen, sich zu organisieren, zu kämpfen und aufzustehen, die eigenen Privilegien einzusetzen, um Gerechtigkeit anzustreben, die eine nicht allein zu lassen, wenn sie Unterstützung braucht, Unterdrückungsformen, von denen man selbst nicht betroffen ist, zu erkennen, das eigene Handeln und Denken zu reflektieren – all das beinhaltet solidarisches Handeln. Und das ist noch nicht alles. Das patriarchale System baut auf Konkurrenz und dem Streben nach individuellen Vorteilen auf, es vernebelt den Blick auf die Machtverhältnisse. Anders als andere Unterdrückungssysteme zeichnet es sich dadurch aus, Kontrolle nicht nur im öffentlichen Raum, bei der Arbeit und in der politischen Auseinandersetzung auszuüben, sondern wirkt bis in die Familie, den Freund*innenkreis, das Kollegium und die Nachbarschaft.[159] Ohne Rückzugsorte zum Aufatmen und Umdenken internalisieren wir diese Struktur und richten uns in ihr ein, statt uns zur Wehr zu setzen.

Unter den gegebenen Umständen stehen tagtäglich die Leben und die Unversehrtheit zu vieler Frauen und non-binärer Personen auf dem Spiel. Wir haben keine Zeit, diese Tatsache zu vernachlässigen, wir haben nicht das Recht, die vielen toten, beschädigten Frauen, ihre Namen, Leben, Träume und Hoffnungen zu vergessen. Wir müssen jetzt handeln, therapeutisch und unmittelbar, präventiv und langfristig.

Für das Jetzt ist es sinnvoll, konkrete, schnell umsetzbare Forderungen zu stellen, die mir aufgrund meiner langjährigen Arbeit und aus den vielen Gesprächen mit Mandant*innen, Kolleg*innen und Mitarbeiter*innen aus den Beratungsstellen bekannt sind.

Frauen und non-binäre Personen, die Gewalt erlebt haben, brauchen:

- Schutz und guten Rat
- Anerkennung des ihnen zugefügten Leides
- Respekt
- Flächendeckend spezialisierte, finanzierte Beratungsstellen, die die verschiedenen Bedarfe abdecken
- Ausreichend Frauenhausplätze und Schutzwohnungen, die auf die Bedürfnisse unterschiedlicher Frauen und Kinder Rücksicht nehmen, d. h. barrierefrei sind, mit Kapazitäten und Ausstattungen, auch für die besonderen Bedürfnisse von Frauen mit vielen Kindern, Frauen mit Haustieren, Frauen mit akuten psychischen Problemen, Frauen nach einer Transition, queeren Personen, Frauen mit Sprachbarrieren, Frauen mit unterschiedlichen Schutzbedarfen
- Ausreichend Versorgung für Frauen nach der ersten Flucht
- Wohnraum, Arbeitsstellen, Schul- und Kitaplätze für Personen ohne besonders hohen Schutzbedarf
- Flächendeckend und ausreichend spezialisierte oder

besonders fachkundige Psychotherapeut*innen und Traumatherapeut*innen, die Betroffene rasch und kompetent unterstützen

- Über die Bundesländergrenzen hinweg stetig weiterentwickelte Hochsicherheitsmaßnahmen für besonders gefährdete Frauen
- Kostenlosen Zugang zu Rechtsberatung und Rechtsvertretung
- Zügige und diskriminierungsfreie Ermittlungs- und Strafverfahren
- Flächendeckende traumasensible ärztliche Versorgung
- Flächendeckende anonyme Spurensicherung
- Pflichtfortbildungen für Richter*innen, Ermittlungsbeamt*innen, Staatsanwält*innen, Verfahrensbeiständ*innen, Rechtsanwält*innen zum Thema geschlechtsbezogener Gewalt, Rassismus und Klassismussensibilität
- Das Recht, sich zu keinem Zeitpunkt mit den Tätern in einem Raum befinden zu müssen
- Sinnvolle Bestrafung der Täter, die insbesondere auf Wiedergutmachung und Prävention gerichtet ist
- Angemessene Schadensersatz- und Schmerzensgeldzahlungen, die bei Zahlungsunfähigkeit der Täter durch einen Fonds ausgezahlt werden
- Spezialisierte, gut ausgestattete, stetig fortgebildete Familiengerichte, die bei Verdacht auf geschlechtsbezogene Gewalt in einem multiprofessionellen Team handeln, um weitere Gewalt und Diskriminierung zu verhindern
- Bessere Durchsetzung von Gewaltschutzverfügungen auch bei psychisch beeinträchtigten Tätern
- Vollständige Umsetzung der Istanbul-Konvention
- Sichere Fluchtwege und Bleiberechte

- Zeit
- Ruhe
- Solidarität

Dies sind kleine Maßnahmen, um akut größeren Schaden von bereits gewaltbetroffenen Frauen abzuwenden. Sie kosten Geld und Zeit, mehr nicht. Ich habe diese Liste, meinen »Maßnahmen-Katalog«, meiner Freundin und langjährigen Mitstreiterin Katja Grieger, seit vielen Jahren Co-Leiterin des Bundesverbands der Frauenberatungsstellen und Frauennotrufe, geschickt und um Ergänzung gebeten. Keine kennt sich auf diesem Gebiet besser aus. Ihre Antwort: »Natürlich brauchen wir all das und noch viel mehr. Das fordern wir seit Jahren. Allein – es tut sich wenig bis nichts. Eine weitere solche Liste in deinem Buch wird wahrscheinlich auch nicht den großen Durchbruch bringen.« Also haben wir uns hingesetzt und meinen Katalog gemeinsam ergänzt.

- Verpasst keine einzige feministische Demo!
- Zeigt jeden Tag praktische Solidarität mit Betroffenen und schreitet ein, wenn im Alltag Sexismus und Diskriminierung verübt werden!
- Macht geschlechtsbezogene Gewalt sichtbar! (Zum Beispiel indem jeder Femizid im öffentlichen Rundfunk bekannt gegeben wird oder an jedem Ort eines Femizides ein Denkmal errichtet wird.)
- Unterstützt die Organisationen, die täglich daran arbeiten, die Gewalt zu bekämpfen und Betroffenen zu helfen, mit Geld, Sichtbarkeit, Reichweite und Solidarität!
- Wehrt Euch gegen Reproduktion von sexistischer Gewalt in Presse, Film, Fernsehen und Theater – schreibt anders, besetzt anders, spielt anders, filmt anders!

- Macht Öffentlichkeitskampagnen, in denen die Täter adressiert werden und Männlichkeit hinterfragt wird!
- Sorgt für die Implementierung von Kursen zu Sexismus- und Rassismussensibilität in Kitas, Schulen, Ausbildungen, Studium!
- Setzt euch ein für flächendeckend gut ausgestattete Anti-Gewalt Kurse für Männer!
- Kämpft gegen ökonomische Abhängigkeiten durch Abschaffung des Ehegattensplittings, Bezahlung von Care-Arbeit und Einführung geschlechtergerechter Bezahlung!
- Kämpft für die Abschaffung des § 218 StGB und das Recht auf kostenlose und nach den neuesten Regeln der Kunst durchgeführte Schwangerschaftsabbrüche!
- Gestaltet den öffentlichen Raum gendersensibel!
- Seid wütend!
- Stört, stört, stört!
- Bildet Banden!
- Feministische Männer – macht endlich mit!

Was wir brauchen? Nicht weniger als einen gesamtgesellschaftlichen Wandel, nicht weniger als eine Revolution für das Leben.[160] Die feministische kurdische Bewegung hat mit ihrem Slogan »Jin, Jiyan, Azadî – Frau, Leben, Freiheit« schon lange klargemacht, dass es keine Freiheit gibt ohne die Befreiung der Frau. Nun ist der Slogan Symbol für die feministische Revolution im Iran geworden und nicht nur dort. Nehmen wir uns ein Beispiel an den mutigen Frauen, an denen, deren Leben bedroht sind, an denen, die weniger privilegiert sind, die sich täglich unter widrigen Bedingungen dem Frauenhass und der Gewalt entgegenstellen, ob zu Hause, auf der Straße, im Verborgenen oder im Rampenlicht. Keine hat es treffender formuliert als Audre

Lorde: »Ich bin nicht frei, solange eine einzige Frau unfrei ist, selbst wenn ihre Fesseln sich von meinen unterscheiden.«[161]

Was wir brauchen, sind Mut und Vielfalt, Wut, Kreativität, Solidarität und Ausdauer. Voller Zugewandtheit und Menschenliebe gegen den Frauenhass – weiterkämpfen!

DANK

Herzlichen Dank meinen Kindern, meinem Liebsten, meinen Freund*innen, meiner Mutter, meinen lieben Kolleg*innen, Mitstreiter*innen und Mandant*innen. Danke für Vertrauen, Liebe, Zuversicht, Austausch, Arbeit, Kampf, Mut, Fürsorge und das gemeinsame Leben. Dieses Buch gäbe es so nicht ohne Laura Weber, meine wunderbare Lektorin. Welch ein Glück!

NACHWEISE UND ANMERKUNGEN

1 Vgl. Carolin Emcke (2016): *Gegen den Hass*, S. 16.

2 Vgl. Audre Lorde (2021): *Sister Outsider*, S. 76.

3 Zahlen des Bundeskriminalamts (BKA) zu Partnerschaftsgewalt, Kriminalistische Auswertung – Berichtsjahr 2021.

4 Vgl. Marcela Lagarde y de los Ríos (2005): »El feminicidio, delito contra la humanidad«. In: Cámara de Diputados LIX Legislatura La H. Congreso de Unión (Hrsg.): *Feminicidio, justicia y derecho*, Mexiko-Stadt 2005, S. 151–164.

5 Neue Zürcher Zeitung (30.11.2022): *»Oase des Grauens«: In der mexikanischen Grenzstadt Cuidad Juárez sterben und verschwinden seit dreissig Jahren Frauen und Mädchen* (https://www.nzz.ch/international/ciudad-juarez-welthauptstadt-der-frauenmorde-ld.1712398, zuletzt abgerufen am 05.06.2023).

6 Maier/Lutz/Labarta Greven/Rebmann (2003): »Wie tödlich ist das Geschlechterverhältnis?«, in: APuZ, *Femizid*, 73. Jahrgang, 14/2023, S. 9–15.

7 Vgl. Rita Segato (2022): *Femizid. Der Frauenkörper als Territorium des Krieges*, S. 189.

8 Vgl. ebd., S. 188 ff.

9 Institut für Gleichstellung (EIGE), zahlenmäßige Erfassung von Femiziden in Deutschland: https://eige.europa.eu/sites/default/files/documents/20211560_pdf_mh0121100den_002.pdf (zuletzt zugegriffen am 09.06.2023).

10 Es gibt bisher kaum Forschung über Gewalt gegen Männer, die durch Frauen ausgeübt wird. Siehe zum Vergleich etwa folgende Pilotstudie des Bundesministeriums für Familie, Senioren, Frauen und Jugend: https://www.bmfsfj.de/resource/blob/84590/a3184b9f324b6ccc05bdfc83ac03951e/studie-gewalt-maenner-langfassung-data.pdf (zuletzt zugegriffen am 05.06.2023).

11 Julia Habermann (2023): *Partnerinnentötungen und deren gerichtliche Sanktionierung.*

12 2023 wird eine Berichterstattungsstelle gegen geschlechtsspezifische Gewalt eingerichtet. Es ist zu erwarten, dass sich hierdurch die Datenlage verbessert. Mehr Information zur Agenda und Funktion der Bericht-

erstattungsstelle unter: https://www.institut-fuer-menschenrechte.de/das-institut/gefoerderte-projekte/berichterstattungsstelle-gegen-geschlechtsspezifische-gewalt-und-menschenhandel (zuletzt zugegriffen am 09.06.2023).

13 UNODC/UN Women (2022): *Gender-related killings of women and girls: Improving data to improve responses to femicide/feminicide.* (https://www.unwomen.org/sites/default/files/2022–11/Gender-related-killings-of-women-and-girls-improving-data-to-improve-responses-to-femicide-feminicide-en.pdf, zuletzt zugegriffen am 05.06.2023)

14 Neue Zürcher Zeitung (04.01.2023): *Sechs Tötungen in der letzten Jahreswoche: Eine Reihe von Femiziden erschüttert Spanien* (https://www.nzz.ch/international/gewalt-an-frauen-spanien-erlebt-eine-femizidwelle-im-dezember-ld.1719138, zuletzt zugegriffen am 06.05.2023).

15 Vgl. Susanne Kaiser (2023): *Backlash – Die neue Gewalt gegen Frauen*, S. 21.

16 Eva von Redecker (2020): *Revolution für das Leben. Philosophie der neuen Protestformen.*

17 Vgl. Habermann (2023), S. 81. Julia Habermann zitiert hier u. a. aus einer Studie in der Türkei, in der 41 Männer, die ihre Frauen töteten, mit 20 Männern, die andere Personen töteten, verglichen wurden.

18 Vgl. Süddeutsche Zeitung (27.08.2019): *165 Messerstiche auf eine Schwangere* (https://www.sueddeutsche.de/muenchen/erding/taufkirchen-erding-mord-schwangere-messer-14578063, zuletzt zugegriffen am 09.06.2023).

19 Vgl. Allgemeine Erklärung der Menschenrechte, Resolution 217 A (III) vom 10.12.1948, Artikel 3.

20 Vgl. Gilda Sahebi (2023): *Unser Schwert ist Liebe. Die feministische Revolte im Iran*, S. 226.

21 rbb24 (07.10.2022): *Erneut lebenslange Haft nach Mord an 15-jähriger Schülerin verhängt* (https://www.rbb24.de/panorama/beitrag/2022/10/prozess-berlin-mord-15-jaehrige-rummelsburger-bucht.html, zuletzt zugegriffen am 05.06.2023).

22 Vgl. Hamburger Abendblatt (28.11.2022): *»Furchtbare Tat«: Neun Jahre Haft für Familienvater* (https://www.abendblatt.de/hamburg/article237021795/prostituierte-mord-hamburg-prozess-altenpflegerin-sex-32-jaehriger-dennis-k-urteil-haft-sex.html, zuletzt zugegriffen am 05.06.2023).

23 Bekannt geworden ist in diesem Bereich besonders die Bewegung der sog. Incels, der Involuntary Celibates, zu Deutsch der unfreiwillig im Zölibat Lebenden. Also der Personen, die sich eine romantische Bezie-

hung wünschen, aber trotz zahlreicher Versuche und einer beträchtlichen Menge an Zeit nicht »erfolgreich« sind. Da sie davon überzeugt sind, ein Anrecht auf Frauen und ihre Körper zu haben, proklamieren sie ihr Recht, Frauen für ihr eigenes Leiden bestrafen zu dürfen. Ihrer Ansicht nach trägt der Feminismus (oft gepaart mit Verschwörungsideologien) Schuld daran, dass ihnen Aufmerksamkeit und Sex verwehrt bleiben. Diese Bewegung verfügt über zahlreiche Foren im Netz. Große Aufmerksamkeit erhielten sie 2014 erstmals als ein Mitglied dieser Foren zunächst in einem Manifest seinen Hass auf Frauen und seine Frustration über sein unfreiwilliges Zölibat veröffentlichte und dann sechs Menschen in Isla Vista in Kalifornien tötete. Ihm folgten andere. Weiterführende Lektüre zu der Bewegung bieten u. a. Susanne Kaiser (2020): *Politische Männlichkeit. Wie Incels, Fundamentalisten und Autoritäre für das Patriarchat mobilmachen.*

24 Klaus Theweleit (2015): *Das Lachen der Täter: Breivik u.a. Psychogramm der Tötungslust.*

25 Tagesspiegel (14.03.2023) *Hass-Manifest vor Amoklauf in Hamburg* (https://www.tagesspiegel.de/gesellschaft/panorama/hass-manifest-vor-amoklauf-in-hamburg-polizei-ubersah-offenbar-buch-des-mut masslichen-taters-9496667.html, zuletzt zugegriffen am 05.06.2023).

26 Veronika Kracher (2020): *Incels. Geschichte, Sprache und Ideologie eines Online-Kults.*

27 Joan Smith (2019): *Homegrown: How Domestic Violence Turns Men Into Terrorists.*

28 Vgl. Rafia Zakaria (2022): *Against white Feminism*, S. 150.

29 Heinrich Böll Stiftung (01.11.2018): *Fünf Fakten über Ehrenmorde* (https://www.gwi-boell.de/de/2018/11/01/fuenf-fakten-ueber-ehren morde, zuletzt zugegriffen am 05.06.2023).

30 Ebd.

31 Vgl. Landgericht Wuppertal: Urteil vom 27. Januar 2021–25 Ks 45 Js 89/15–25/16 – –, Rn. 79.

32 Tobias Singelnstein (2009): *Diskurs und Kriminalität. Außergesetzliche Anwendungsregeln als diskursive Praktiken im Wechselverhältnis zwischen Kriminalisierungsdiskursen und Strafrechtsanwendung*, S. 172 ff.

33 Vgl. Habermann (2023), S. 52.

34 Vgl. ebd., S. 37.

35 Vgl. Bundesgerichtshof (BGH): Beschluss vom 21. Februar 2018–1 StR 351/17 Rn. 10, BGH; Beschluss vom 24. Oktober 2018–1 StR 422/18 Rn. 20.

36 BGH: Beschluss vom 7. Mai 2019–1 StR 150/19 –, Rn. 8.

37 Vgl. Habermann (2023), S. 408.

38 Vgl. BGH: Urteil vom 25. Juli 2006 – 5 StR 97/06 –, Rn. 3.

39 Vgl. Asamblea Legislativa – República de El Salvador (2012), Decreto No. 520, Artículo 45 (https://oig.cepal.org/sites/default/files/2011_decreto520_elsvd.pdf, zuletzt zugegriffen am 09.06.2023).

40 Vgl. Segato (2022), S. 188 f.

41 Vgl. Bundesministerium für Familie, Senioren, Frauen und Jugend (2022): *Formen der Gewalt erkennen* (https://www.bmfsfj.de/bmfsfj/themen/gleichstellung/frauen-vor-gewalt-schuetzen/haeusliche-gewalt, zuletzt zugegriffen am 06.06.2023).

42 Schweizerische Eidgenossenschaft, Eidgenössisches Büro für die Gleichstellung von Frau und Mann (EBG) (2021): *Gewaltdynamiken und Interventionsansätze* (file:///K:/Downloads/a3_gewaltdynamiken-und-interventionsansaetze.pdf, zuletzt zugegriffen am 06.06.2023).

43 Vgl. Carolin Emcke (2019): *Ja heißt ja und …*, S. 32 f.

44 Beatrice Frasl (2022): *Patriarchale Belastungsstörung. Geschlecht, Klasse und Psyche*, S. 197.

45 Vgl. Chris Köver (2021): »Der Feind in der eigenen Tasche. Stalkerware und digitale Überwachung im Kontext von Partnerschaftsgewalt«, in: bff: Bundesverband Frauenberatungsstellen und Frauennotrufe, Nivedita Prasad (Hg.), *Geschlechtsspezifische Gewalt in Zeiten der Digitalisierung. Formen und Interventionsstrategien*, S. 227.

46 BKA, Bundeskriminalamt (2023): *Häusliche Gewalt. Bundeslagebild 2022* (https://www.bka.de/SharedDocs/Downloads/DE/Publikationen/JahresberichteUndLagebilder/HaeuslicheGewalt/HaeuslicheGewalt2022.html?nn=219004, zuletzt zugegriffen am 19.07.2023).

47 Bundesministerium für Familie, Senioren, Frauen und Jugend (2004) *Lebenssituation, Sicherheit und Gesundheit von Frauen in Deutschland* (file:///K:/Downloads/2004_Praevalenzstudie_Gewalt_gegen_Frauen_Kurzfassung.pdf, zuletzt zugegriffen am 06.06.2023).

48 Siehe hierzu den Abschlussbericht der Viktimisierungsstudie Sachsen (2023): *Studie zur Betroffenheit von Frauen durch sexualisierte Gewalt, häusliche/partnerschaftliche Gewalt und Stalking* (https://www.medienservice.sachsen.de/medien/medienobjekte/586319, zuletzt zugegriffen am 19.07.2023).

49 Siehe hierzu beispielsweise die EU-weite Erhebung der European Agency for Fundamental Rights (FRA) aus dem Jahr 2014 (http://fra.europa.eu/sites/default/files/fra-2014-vaw-survey-factsheet_de.pdf, zuletzt zugegriffen am 06.06.2023).

50 Ungefähr 19,5 Prozent der Opfer von Partnerschaftsgewalt in Deutschland sind Männer. Je höher das Lebensalter, desto größer ist ihr Anteil:

Ab 60 Jahren ist knapp ein Drittel der Betroffenen männlich. Insofern wird vermutet, dass es sich teilweise um Gewalt in Pflegebeziehungen, also in Situationen, in denen sich die Machtverhältnisse innerhalb der Partnerschaft häufig diametral geändert haben, handeln könnte. Leider gibt es hierzu keine detaillierteren Untersuchungen. Außer der polizeilichen Kriminalstatistik existieren keine aktuellen empirischen Daten zu Männern als Opfern von häuslicher oder Partnerschaftsgewalt. Insbesondere Frauen als Täterinnen in gleichgeschlechtlichen Beziehungen und Gewalt in schwulen Beziehungen sind noch kaum beforscht, ebenso fehlen Untersuchungen zu den Kontexten.

51 Siehe hierzu: Daniel Loick/Vanessa E. Thompson (Hgs.) (2022): *Abolitionismus. Ein Reader.*

52 Vgl. Bell Tower, Netz für digitale Zivilgesellschaft (14.06.2022): Veronika Kracher, *Antifeministen instrumentalisieren Prozess zwischen Amber Heard und Johnny Depp* (https://www.belltower.news/kein-rosenkrieg-sondern-misogynie-wie-der-prozess-zwischen-amber-heard-und-johnny-depp-von-antifeministinnen-instrumentalisiert-wird-133189/, zuletzt zugegriffen am 06.06.2023).

53 Taschinski/Russo/Below/Abedi/Braun (2022): Psst! Gute und schlechte Geheimnisse.

54 Council of Europe Treaty Service Nr. 210 (11.5.2011): Übereinkommen des Europarats zur Verhütung und Bekämpfung von Gewalt gegen Frauen und häuslicher Gewalt und erläuternder Bericht (https://rm.coe.int/1680462535, zuletzt zugegriffen am 09.06.2023).

55 Vgl. VG Dresden: Beschluss vom 11. August 2020 – 7 L 554/20.A.

56 Bündnis Istanbul-Konvention (BIK) (2021): *Alternativbericht zur Umsetzung des Übereinkommens des Europarats zur Verhütung und Bekämpfung von Gewalt gegen Frauen und häuslicher Gewalt* (https://www.buendnis-istanbul-konvention.de/wp-content/uploads/2021/03/Alternativbericht-BIK-2021.pdf, zuletzt zugegriffen am 06.06.2023).

57 Bundesministerium für Familie, Senioren, Frauen und Jugend (2022): *Verhütung und Bekämpfung von Gewalt gegen Frauen und häuslicher Gewalt.* Erster Bericht des Expertenausschusses (GREVIO) zur Umsetzung des Übereinkommens des Europarats vom 11. Mai 2011 (Istanbul-Konvention) in Deutschland (https://www.bmfsfj.de/resource/blob/202386/3699c9bad150e4c4ff78ef54665a85c2/grevio-evaluierungsbericht-istanbul-konvention-2022-data.pdf, zuletzt zugegriffen am 09.06.2023).

58 Vgl. Kammergericht Berlin (KG): Beschluss vom 4. August 2022 – 17 UF 6/21 –, Rn. 25.

59 Vgl. Dr. Joachim Salzgeber (2003): »Zum aktuellen Stand der PAS-Diskussion«, in: *Forum Familienrecht*, Ausgabe 06/2003 (https://forum-familienrecht.de/files/media/forum-familienrecht/downloads/2003/FF_06_2003/zum_aktuellen_stand_der.pdf, zuletzt zugegriffen am 06.06.2023).

60 Vgl. Väteraufbruch für Kinder e. V. (https://vaeteraufbruch.de/eltern-kind-entfremdung, zuletzt zugegriffen am 09.06.2023).

61 Vgl. Gerhard Hafner (2022): »Die Istanbul-Konvention: Die Rolle der Täterarbeit bei der Bekämpfung von Gewalt gegen Frauen«, in: Anja Steinigen (Hg.), *Trauma – Zeitschrift für Psychotraumatologie und ihre Anwendungen, Themenschwerpunkt Häusliche Gewalt*, 20. Jg., Heft 1, S. 68–73.

62 Vgl. Kaiser (2023), S. 69.

63 Vgl. Emilia Roig (2023), *Das Ende der Ehe. Für eine Revolution der Liebe*, S. 18.

64 Vgl. JJ Bola (2020): *Sei kein Mann. Warum Männlichkeit ein Albtraum für Jungs* ist, S. 68.

65 Vgl. Rolf Pohl (2019): »Sexismus und destruktive Sexualität in männlich dominierten Gesellschaften«, in: Medica Mondiale, *Kein Krieg auf meinem Körper. Fachbeiträge zu sexualisierter Gewalt, Trauma und Gerechtigkeit* (https://medicamondiale.org/fileadmin/redaktion/_Migration-alte-Website/Mediathek-Migration/Fachbroschuere_medica-mondiale_2019.pdf, zuletzt zugegriffen am 06.06.2023).

66 KriPoZ (2022): *Catcalling – Umfrage zur Strafwürdigkeit von verbaler sexueller Belästigung* (https://kripoz.de/2022/03/31/catcalling-umfrage-zur-strafwuerdigkeit-von-verbaler-sexueller-belaestigung/, zuletzt zugegriffen am 06.06.2023).

67 Vgl. BIWI KEFEMPOM (2023): *Femi(ni)zide. Kollektiv patriarchale Gewalt bekämpfen*, S. 21 f.

68 Vgl. Rebekka Endler (2021): *Das Patriarchat der Dinge. Warum die Welt Frauen nicht passt*, S. 71.

69 Siehe hierzu die Website der Unabhängigen Beauftragen für Fragen des sexuellen Kindesmissbrauchs: *Wer sind die Täter und Täterinnen?* (https://beauftragte-missbrauch.de/themen/definition/wer-sind-die-taeter-und-taeterinnen, zuletzt zugegriffen am 06.06.2023).

70 Süddeutsche Zeitung (19.07.2018): *Chronologie eines ungeheuerlichen Verbrechens* (https://www.sueddeutsche.de/panorama/missbrauchsfall-staufen-chronologie-13833481, zuletzt zugegriffen am 06.06.2023).

71 RND (06.06.2020): *Kinder in Gartenlaube missbraucht: Kommissar schildert grausame Details* (https://www.rnd.de/panorama/munster-

kindesmissbrauch-in-gartenlaube-kommissar-schildert-grausame-details-YAWOGAUAU6KXSC5YKJ5V5QCWLE.html, zuletzt zugegriffen am 06.06.2023).

72 Siehe hierzu die Website der Unabhängigen Beauftragen für Fragen des sexuellen Kindesmissbrauchs: *Sexuelle Gewalt gegen Kinder und Jugendliche. Zahlen und Fakten* (https://beauftragte-missbrauch.de/fileadmin/Content/pdf/Zahlen_und_Fakten/220810_UBSKM_Fact_Sheet_Zahlen_und_Fakten_zu_sexuellem_Kindesmissbrauch_.pdf, zuletzt zugegriffen am 06.06.2023).

73 Vgl. der Freitag (21.08.2020): *Patriarchale Verfügungsmacht* (https://www.freitag.de/autoren/kirsten-achtelik/patriarchale-verfuegungsmacht, zuletzt zugegriffen am 19.07.2023).

74 Vgl. taz (18.01.2016): *Der Heimweg* (https://taz.de/Sexuelle-Uebergriffe/!5268825/, zuletzt zugegriffen am 06.06.2023).

75 Vgl. The Tab (23.09.2020): *Girls are sharing what they'd do if there were no men on Earth for 24 hours* (https://thetab.com/uk/2020/09/23/girls-are-sharing-what-theyd-do-if-there-were-no-men-on-earth-for-24-hours-176115, zuletzt zugegriffen am 06.06.2023).

76 Eva Kail (2007): »Frauengerechter Wohnbau und Wohnbauförderung in Wien: 2 Modellprojekte und 11 Jahre systematische Qualitätsprüfung – Ein Erfahrungsbericht«, in: Altenstrasser/Hauch/Kepplinger (Hgs.), *Gender Housing*. Interessant ist im Kontext feministischer Stadtplanung auch der indische Podcast *The Feminist City* von Sneha Visakha.

77 Bell Tower (07.03.2023): *Superextreme – Youtuber, Männerrechtler, Lehramtsstudent* (https://www.belltower.news/vorsicht-internet-superextreme-youtuber-maennerrechtler-lehramtsstudent-146987/, zuletzt zugegriffen am 06.06.2023).

78 Vgl. Franziska Schutzbach (2018): »Dominante Männlichkeit und neoreaktionäre Weltanschauungen in der Pick-Up-Artist-Szene«, in: *Feministische Studien* Band 36 Heft 2, S. 317.

79 Vgl. ebd.

80 Vgl. Kiepenheuer und Witsch (03.04.2020): Stellungnahme des Verlags zur Kritik an Till Lindemanns Gedicht »Wenn du schläfst« aus dem Gedichtband »100 Gedichte« (https://www.kiwi-verlag.de/magazin/news/stellungnahme-des-verlags-zur-kritik-till-lindemanns-gedicht-wenn-du-schlaefst-aus-dem, zuletzt zugegriffen am 06.06.2023).

81 Vgl. Süddeutsche Zeitung (02.06.2023): *Am Ende der Show* (https://www.sueddeutsche.de/projekte/artikel/kultur/till-lindemann-rammstein-missbrauchsvorwuerfe-e316483/?reduced=true, zuletzt zugegriffen am 06.06.2023).

82 tagesschau.de (09.07.2023): *Badenberg will 20 neue Staatsanwälte gegen Clankriminalität einsetzen* (https://www.tagesschau.de/inland/regional/berlin/rbb-badenberg-will-20-neue-staatsanwaelte-gegen-clankriminalitaet-einsetzen-100.html, zuletzt zugegriffen am 19.07.2023).

83 Vgl. Bola (2020), S. 41.

84 Siehe hierzu das Glossar von Medica Mondiale zu sexualisierter Kriegsgewalt: *Sexualisierte Kriegsgewalt – Sexualisierte Gewalt an Frauen ist Bestandteil aller Kriege und Konflikte. Was sind Ursachen, Wirkungen und notwendige Gegenmaßnahmen?* (https://medicamondiale.org/gewalt-gegen-frauen/sexualisierte-kriegsgewalt, zuletzt zugegriffen am 06.06.2023).

85 Vgl. Das Erste (19.02.2023): *Ukraine: Vergewaltigung als Kriegswaffe* (https://www.daserste.de/information/politik-weltgeschehen/weltspiegel/sendung/Ukraine-Vergewaltigung-als-Kriegswaffe-100.html, zuletzt zugegriffen am 06.06.2023).

86 Vgl. taz (25.11.2022): *Sexuelle Gewalt unter dem Mullah-Regime* (https://taz.de/Repression-in-Iran/!5898220/, zuletzt zugegriffen am 06.06.2023).

87 Süddeutsche Zeitung (27.02.2023): *»Ein kollektives Trauma« – Monika Hauser über sexualisierte Gewalt im Krieg* (https://www.sueddeutsche.de/politik/podcast-carolin-emcke-ukraine-krieg-sexualisierte-gewalt-monika-hauser-15758137, zuletzt zugegriffen am 06.06.2023).

88 Ein besonders einschlägiges Buch über sexualisierte Gewalt im Krieg schrieb die Journalistin und Auslandskorrespondentin Christina Lamb (2020): *Unsere Körper sind euer Schlachtfeld. Frauen, Krieg und Gewalt.*

89 Siehe hierzu Bundesministerium für Familie, Senioren, Frauen und Jugend (2004): *Sexuelle Übergriffe in Psychotherapie, Psychatrie und psychologischer Beratung* (http://www.verbaendetreffen.de/broschure_des_bmfsfj.html, zuletzt zugegriffen am 06.06.2023).

90 Vera Katterman (2018): »Sexueller Missbrauch in der Psychotherapie: Zerstörtes Vertrauen und Schuld«, in: Deutsches Ärzteblatt, PP17, Heft1/Januar, S. 17–20.

91 Vgl. Buzzfeed (26.03.2021): *Krank geheilt* (https://www.buzzfeed.de/recherchen/aerzte-patientinnen-missbrauch-medizin-gesundheit-90262449.html, zuletzt zugegriffen am 06.06.2023).

92 Vgl. Lorde (2021), S. 137.

93 Bundesministerium für Familie, Senioren, Frauen und Jugend (2012): *Lebenssituation und Belastungen von Frauen mit Beeinträchtigungen und Behinderungen in Deutschland*, S. 19–34 (https://www.bmfsfj.de/resource/blob/94204/3bf4ebb02f108a31d5906d75dd9af8cf/lebens

situation-und-belastungen-von-frauen-mit-behinderungen-kurzfassung-data.pdf, zuletzt zugegriffen am 06.06.2023).

94 Einen Leitfaden zum Umgang mit gewaltbetroffenen Frauen mit Behinderung bietet der Bundesverband Frauenberatungsstellen und Frauennotrufe (bff), gemeinsam mit der Frauenhauskoordinierung e. V. und Weibernetz e. V. Bundesnetzwerk von Frauen, Lesben und Mädchen mit Beeinträchtigung. (https://www.frauenhauskoordinierung.de/fileadmin/redakteure/PDF/Leitfaden_Umgang_Frauen_final_2.2.2012.pdf, zuletzt zugegriffen am 06.06.2023). Auch das Bundesamt für Familie und zivilgesellschaftliche Aufgaben klärt auf seiner Website auf (https://www.hilfetelefon.de/gewalt-gegen-frauen/sexualisierte-gewalt.html, zuletzt zugegriffen am 06.06.2023).

95 Vgl. Süddeutsche Zeitung (27.05.2016): *Münchens Kulturwelt ist entsetzt* (https://www.sueddeutsche.de/muenchen/nach-dem-urteil-gegen-ex-rektor-der-musikhochschule-muenchens-kulturwelt-ist-entsetzt-13009189, zuletzt zugegriffen am 06.06.2023).

96 Vgl. taz (26.11.2019): *Bussis für den Täter* (https://taz.de/Der-Fall-Siegfried-Mauser-und-MeToo/!5640536/, zuletzt geöffnet am 06.06.2023).

97 Der Spiegel (30.12.2021): *Das Mockridge-Beben und seine Folgen* (https://www.spiegel.de/kultur/luke-mockridge-und-ines-anioli-wie-wir-fuer-unsere-berichterstattung-kaempfen-a-f1b6678a-366a-43d7-b040–2580d31fb232, zuletzt geöffnet am 06.06.2023).

98 Vgl. Die Zeit, Pressemitteilung der ZEIT Verlagsgruppe (20.12.2022): *Hamburger OLG entscheidet bei MeToo zu Gunsten der ZEIT* (https://www.zeit-verlagsgruppe.de/pressemitteilung/hamburger-olg-entscheidet-bei-metoo-zu-gunsten-der-zeit/,zuletztzugegriffenam 06.06.2023).

99 Zeitgeister – Goethe Institut (August 2022): *Misogynie: Vom Kneipentisch ins Präsidentenamt* (https://www.goethe.de/prj/zei/de/fem/23581541.html, zuletzt zugegriffen am 06.06.2023).

100 Vgl. Der Standard (05.10.2022): *Sexualisierte Gewalt im Bierzelt: Verflüssigte Grenzen* (https://www.derstandard.de/story/2000139686709/sexualisierte-gewalt-im-bierzelt-verfluessigte-grenzen, zuletzt zugegriffen am 06.06.2023).

101 Lüter/Breidscheid/Greif/Imhof/Konradi/Riese (2022): *Berliner Monitoring. Trans- und homophobe Gewalt*, S. 15 (https://www.lsbti-monitoring.berlin/wp-content/uploads/Monitoring-trans-und-homophobe-Gewalt_2022_barrierefrei.pdf, zuletzt zugegriffen am 06.06.2023).

102 Grieger/Clemm/Eckhardt/Hartmann (2014): *»Was Ihnen widerfahren ist, ist in Deutschland nicht strafbar«, Fallanalyse zu bestehenden Schutzlücken in der Anwendung des deutschen Sexualstrafrechts bezüglich er-*

wachsener Betroffener (file:///K:/Downloads/bff-Fallanalyse_Schutzluecken_Sexualstrafrecht.pdf, zuletzt zugegriffen am 06.06.2023).

103 Vgl. KG Berlin: Beschluss vom 10. Mai 2021 – 5 Ws 85/21.

104 Vgl. Mely Kiyak (2020), *FrauSein*, S. 88.

105 Vgl. LASTESIS (2021): *Verbrennt Eure Angst!*, S. 23.

106 Die Großschreibung von Schwarz kennzeichnet, dass es sich nicht etwa um Farbe oder Hautfarbe handelt, sondern um das Konstrukt von Rasse/race.

107 Siehe hierzu die Pilotstudie des Bundesministeriums für Familie, Senioren, Frauen und Jugend aus dem Jahr 2019: Sexismus im Alltag. Wahrnehmungen und Haltungen der deutschen Bevölkerung, S. 78–84 (https://www.bmfsfj.de/resource/blob/141246/b24dff04fcbf73ebf5e794a062e271ef/sexismus-im-alltag-pilotstudie-data.pdf, zuletzt zugegriffen am 06.06.2023).

108 Vgl. Franziska Schutzbach (2021): *Die Erschöpfung der Frauen*, S. 123.

109 Vgl. Kate Manne (2019): *Down Girl. Die Logik der Misogynie*, S. 145.

110 Toni Morrison (1975), »Black Studies Center Public Dialogue, Part 2«, in: Portland State University, Special Collections: Oregon Public Speakers, S. 10 (https://pdxscholar.library.pdx.edu/cgi/viewcontent.cgi?article=1089&context=orspeakers, zuletzt zugegriffen am 07.06.2023).

111 Vgl. Esquire (16.04.2023): *Lesebefehl – sonst knallt's: Jagoda Marinić über neue Männlichkeit* (https://www.esquire.de/news/gesellschaft/modern-masculinity-jagoda-marinic-ueber-maennlichkeit, zuletzt zugegriffen am 06.06.2023).

112 Frankfurter Rundschau (07.09.2018): *Von Feminazi bis Hure* (https://www.fr.de/politik/feminazi-hure-10968661.html, zuletzt zugegriffen am 06.06.2023).

113 Vgl. Kübra Gümüşay (2020): *Sprache und Sein*, S. 24.

114 Vgl. taz (31.07.2022): *Totgeleugnet* (https://taz.de/Tod-der-Aerztin-Lisa-Maria-Kellermayr/!5867662/, zuletzt zugegriffen am 06.06.2023).

115 Siehe hierzu den Eintrag zu Digitaler Gewalt auf der Website des bff, Frauen gegen Gewalt (https://www.frauen-gegen-gewalt.de/de/infothek/digitale-gewalt/was-ist-das.html, zuletzt zugegriffen am 06.06.2023).

116 Vgl. Gümüşay (2020), S. 99 f.

117 Vgl. ebd., S. 100.

118 Vgl. Süddeutsche Zeitung (21.03.2023): *Londoner Polizei ist laut Untersuchung sexistisch und rassistisch* (https://www.sueddeutsche.de/panorama/london-polizei-rassismus-sexismus-bericht-1.5772555, zuletzt zugegriffen am 06.06.2023).

119 Eine positive Ausnahme stellt eine Entscheidung des Oberverwaltungsgerichts (OVG) Lüneburg dar: Beschluss vom 9. Juli 2021–5 ME 81/21. Diesem Beschluss lag der Fall eines Berufssoldaten zugrunde der wegen häuslicher Gewalt zum Nachteil seiner Ehefrau und seiner Schwester eine Geldauflage von einem Strafgericht erhalten hatte. Er wurde entlassen und klagte dagegen. Das OVG entschied, dass seine außerdienstliche Verfehlung von solchem Gewicht sei, dass er für die Bundeswehr nicht mehr tragbar sei, insbesondere, weil er selbst Ausbilder sei und dies seiner Vorbildfunktion widerspreche. Auch weil er dazu beitrage, das schlechte Bild gegenüber der Bundeswehr zu vertiefen. Und das gibt es bekanntlich, nicht nur wegen des alltäglichen Sexismus, von dem Berufssoldatinnen sprechen, sondern auch wegen immer wieder zutage tretender Vorfälle von neonazistischer, rassistischer, antisemitischer oder queerfeindlicher Aktivitäten von Soldat*innen.

120 Dina Nayeri (2023): *Wem geglaubt wird. Warum die Wahrheit nicht genug ist.*

121 Vgl. Süddeutsche Zeitung (23.02.2020): *Was hinter dem Frauenhass rechter Attentäter steckt* (https://www.sueddeutsche.de/politik/tobias-r-frauenhass-rechtsextreme-14809396, zuletzt zugegriffen am 06.06.2023).

122 Vgl. Kaiser (2020), S. 45.

123 Siehe hierzu die Studie der Amadeu Antonio Stiftung (2023): *Frauen in der extremen Rechten* (https://rechte-frauen.de/, zuletzt zugegriffen am 06.06.2023).

124 Vgl. Vogue (10.10.2022): *Alok Vaid-Menon: »Ich mache Entwicklungshilfe für heterosexuelle weiße Männer«* (https://www.vogue.de/kultur/artikel/alok-vaid-menon-queere-comedy-deutschland-tour-interview, zuletzt zugegriffen am 06.06.2023).

125 Tagesschau (11.01.2023): *Transfeindlichkeit als »Kulturkampf«* (https://www.tagesschau.de/faktenfinder/transfeindlichkeit-101.html, zuletzt zugegriffen am 06.06.2023).

126 taz (26.03.2023): *Gegner Globohomo* (https://taz.de/Queerfeindliche-Allianzen/!5921394/, zuletzt zugegriffen am 06.06.2023).

127 Heute (16.7.2023): *Meloni lässt LGBTQI-Mütter von Geburtsurkunden streichen* (https://www.heute.at/s/meloni-laesst-lgbtqi-muetter-von-geburtsurkunden-streichen-100281943, zuletzt zugegriffen am 19.07.2023).

128 Vgl. Lüter/Breidscheid/Greif/Imhof/Konradi/Riese (2022), S. 14.

129 Siehe hierzu die vergleichende Datenanalyse aus der EU-LGBT-Erhebung der European Union Agency for Fundamental Rights aus

dem Jahr 2014: *Leben als Trans* in der EU* (https://fra.europa.eu/sites/default/files/fra_uploads/fra-2015-being-trans-eu-comparative-summary_de.pdf, zuletzt zugegriffen am 06.06.2023).

130 Vgl. Der Spiegel (26.08.2019): *Gefährliche Diskriminierung* (https://www.spiegel.de/gesundheit/diagnose/transgender-diskriminierung-im-krankenhaus-a-1277369.html, zugegriffen am 06.06.2023).

131 Vgl. Weltärztebund, Deklaration von Genf (2017).

132 Elinor Cleghorn (2022): *Die kranke Frau. Wie Sexismus, Mythen und Fehldiagnosen die Medizin bis heute beeinflussen*.

133 Die Zeit, ze.tt (23.08.2019): *Warum Endometriose so selten diagnostiziert wird* (https://www.zeit.de/zett/2019-08/warum-endometriose-so-selten-diagnostiziert-wird, zuletzt zugegriffen am 06.06.2023).

134 Der Standard (06.03.2022): *Ungleichgewicht: Die Medizin ist männlich* (https://www.derstandard.de/story/2000133839561/ungleichgewicht-die-medizin-ist-maennlich, zuletzt zugegriffen am 06.06.2023).

135 Deutschlandfunk Kultur (23.11.2020): *»Wenn Sie jetzt schon so schreien, wird das hier nichts«* (https://www.deutschlandfunkkultur.de/gewalt-in-der-geburtshilfe-wenn-sie-jetzt-schon-so-schreien-100.html, zuletzt zugegriffen am 06.06.2023).

136 Süddeutsche Zeitung (23.02.2023): *Der Fortschritt stagniert* (https://www.sueddeutsche.de/gesundheit/muettersterblichkeit-bilanz-uno-stagnieren-fortschritt-15756568, zuletzt zugegriffen am 06.06.2023).

137 Vgl. Theresa Anna Richarz (2022): »The states's hands in our underpants. Rechtliche Regulierung von Reproduktion in Deutschland«, in: *Politiken der Reproduktion*, S. 48.

138 Pinkstinks (22.09.2020): *Das System Zwangssterilisation* (https://pinkstinks.de/das-system-zwangssterilisation/, zuletzt zugegriffen am 06.06.2023).

139 Vgl. Julia Zinsmeister (2023): »Häusliche Gewalt gegen Frauen mit Behinderungen und/oder durch Täter mit Behinderungen: Rechtsschutzlücken schließen!«, in: »Frauen streiten für Ihr Recht e. V.« (Hg.), *Streit. Feministische Rechtszeitschrift*, 41. Jg. Heft 1/2023, S. 26.

140 Siehe hierzu eine Studie des DIW Berlin (2018) zum negativen Effekt von Mutterschaft auf das mentale Wohlbefinden (https://www.diw.de/documents/publikationen/73/diw_01.c.596751.de/18-35-1.pdf, zuletzt zugegriffen am 06.06.2023).

141 Guttmacher Institute: *Six Months Post-Roe, 24 US States Have Banned Abortion or Are Likely to Do So: A Roundup* (https://www.guttmacher.org/2023/01/six-months-post-roe-24-us-states-have-banned-abortion-or-are-likely-do-so-roundup, zuletzt zugegriffen am 06.06.2023).

142 Der Spiegel (09.03.2022): *WHO veröffentlicht neue Richtlinien zu sicheren Abtreibungen* (https://www.spiegel.de/gesundheit/schwangerschaft/abtreibung-who-veroeffentlicht-neue-richtlinien-zu-sicheren-massnahmen-a-c4d0f8c5-b873–436f-bca7–569f99536f75, zuletzt zugegriffen am 06.06.2023).

143 Vgl. Gneuß/Weber (2023): *Glückwunsch. 15 Erzählungen über Abtreibung*, S. 8.

144 Correctiv (14.10.2022): *Draußen Held, drinnen Gewalt. Das Schweigen der Spielerfrauen* (https://correctiv.org/top-stories/2022/10/14/macht missbrauch-profi-fussball/, zuletzt zugegriffen am 06.06.2023).

145 Deutsches Jugendinstitut (09.06.2021): *Wenn unterhaltspflichtige Elternteile nicht zahlen* (https://www.dji.de/veroeffentlichungen/pressemitteilungen/detailansicht/article/867-wenn-unterhaltspflichtige-elternteile-nicht-zahlen.html, zuletzt zugegriffen am 06.06.2023).

146 Destatis – Statistisches Bundesamt (2023): Pressemitteilung Nr. 036 vom 30. Januar 2023, *Gender Pay Gap 2022: Frauen verdienten pro Stunde 18 % weniger als Männer* (https://www.destatis.de/DE/Presse/Pressemitteilungen/2023/01/PD23_036_621.html, zuletzt zugegriffen am 06.06.2023).

147 Vgl. Teresa Bücker (2023): *Alle_Zeit. Eine Frage von Macht und Freiheit*, S. 160.

148 Correctiv (30.04.2018): *»Er kommt am Abend«* (https://correctiv.org/top-stories/2018/04/30/er-kommt-am-abend/, zuletzt zugegriffen am 06.06.2023).

149 Siehe hierzu eine Studie der Bertelsmann Stiftung (15.07.2021): *Trotz Arbeit abgehängt: Armutsrisiko von Alleinerziehenden verharrt auf hohem Niveau* (https://www.bertelsmann-stiftung.de/de/themen/aktuelle-meldungen/2021/juli/armutsrisiko-von-alleinerziehenden-verharrt-auf-hohem-niveau, zuletzt zugegriffen am 06.06.2023).

150 Vgl. bell hooks (2020): *Die Bedeutung von Klasse*, S. 121.

151 Vgl. Bücker (2022), S. 320.

152 Untersucht wurden diese acht deutschen Fernsehsender: Das Erste, ZDF, RTL, RTL2, Sat1, Kabel 1, VOX, ProSieben.

153 Malisa Stiftung (2021): *Darstellung geschlechtsspezifischer Gewalt im deutschen TV* (https://malisastiftung.org/studie_geschlechtsspezifische-gewalt-im-deutschen-fernsehen/, zuletzt zugegriffen am 06.06.2023).

154 Vgl. Elsa Dorlin (2020): *Selbstverteidigung. Eine Philosophie der Gewalt*, S. 206.

155 Tagesspiegel (09.05.2023): *Zahlen zur Hasskriminalität Neuerdings*

werden auch »männerfeindliche« Straftaten erfasst – braucht es das? (https://www.tagesspiegel.de/gesellschaft/zahlen-zur-hasskriminalitat-neuerdings-werden-auch-mannerfeindliche-straftaten-erfasst-braucht-es-das-9791708.html, zuletzt zugegriffen am 06.06.2023).

156 Angela Saini (2023): *Die Patriarchen. Auf der Suche nach dem Ursprung männlicher Herrschaft*, S. 307.

157 Süddeutsche Zeitung (27.02.2023): *»Ein kollektives Trauma« – Monika Hauser über sexualisierte Gewalt im Krieg.*

158 Vgl. LASTESIS (2021), S. 7.

159 Saini (2023), S. 307.

160 von Redecker (2020).

161 Vgl. Lorde (2021), S. 26.

LITERATUR

BIWI KEFEMPOM: Femi(ni)zide. Kollektiv patriarchale Gewalt bekämpfen. Berlin 2023.

Bola, JJ: Sei kein Mann. Warum Männlichkeit ein Albtraum für Jungs ist. Berlin 2020.

Bücker, Teresa: Alle_Zeit. Eine Frage von Macht und Freiheit. Berlin 2023.

Cleghorn, Elinor: Die kranke Frau. Wie Sexismus, Mythen und Fehldiagnosen die Medizin bis heute beeinflussen. Köln 2022.

Dorlin, Elsa: Selbstverteidigung. Eine Philosophie der Gewalt. Berlin 2020.

Emcke, Carolin: Ja heißt ja und … Frankfurt a. M. 2019.

Emcke, Carolin: Gegen den Hass. Frankfurt a. M. 2016.

Endler, Rebekka: Das Patriarchat der Dinge. Warum die Welt Frauen nicht passt. Köln 2021.

Frasl, Beatrice: Patriarchale Belastungsstörung. Geschlecht, Klasse und Psyche. Innsbruck 2022.

Fröhlich, Marie / Schütz, Ronja / Wolf, Katharina: Politiken der Reproduktion. Bielefeld 2023.

Ginsburg, Tobias: Die letzten Männer des Westens: Antifeministen, rechte Männerbünde und die Krieger des Patriarchats. Hamburg 2021.

Gneuß, Charlotte / Weber, Laura: Glückwunsch. 15 Erzählungen über Abtreibung. Berlin 2023.

Gümüşay, Kübra: Sprache und Sein. Berlin 2020.

Habermann, Julia: Partnerinnentötungen und deren gerichtliche Sanktionierung. Wiesbaden 2023.

Hafner, Gerhard: »Die Istanbul-Konvention: Die Rolle der Täterarbeit bei der Bekämpfung von Gewalt gegen Frauen«. In: Anja Steinigen (Hrsg.), Trauma – Zeitschrift für Psychotraumatologie und ihre Anwendungen, Themenschwerpunkt Häusliche Gewalt, 20. Jg., Heft 1/2022, S. 68–73.

hooks, bell: Die Bedeutung von Klasse. Warum die Verhältnisse nicht auf Rassismus und Sexismus zu reduzieren sind. Münster 2020.

Jaspers, Lisa / Ryland, Naomi / Horch, Silvie (Hrsg.): Unlearn Patriarchy. Berlin 2022.

Kail, Eva: »Frauengerechter Wohnbau und Wohnbauförderung in Wien: 2 Modellprojekte und 11 Jahre systematische Qualitätsprüfung – Ein

Erfahrungsbericht«. In: Altenstrasser/Hauch/Kepplinger (Hrsg.), Gender Housing. geschlechtergerechtes bauen, wohnen, leben. Innsbruck 2007.

Kaiser, Susanne: Backlash – Die neue Gewalt gegen Frauen. Stuttgart 2023.

Kaiser, Susanne: Politische Männlichkeit. Wie Incels, Fundamentalisten und Autoritäre für das Patriarchat mobilmachen. Berlin 2020.

Katterman, Vera: »Sexueller Missbrauch in der Psychotherapie: Zerstörtes Vertrauen und Schuld«. In: Deutsches Ärzteblatt, PP17, Heft1/Januar 2018, S. 17–20.

Kiyak, Mely: FrauSein. München 2020.

Köver, Chris: »Der Feind in der eigenen Tasche. Stalkerware und digitale Überwachung im Kontext von Partnerschaftsgewalt«. In: bff Bundesverband Frauenberatungsstellen und Frauennotrufe, Nivedita Prasad (Hrsg.), Geschlechtsspezifische Gewalt in Zeiten der Digitalisierung. Formen und Interventionsstrategien, Bielefeld 2021, S. 227–238.

Kracher, Veronika: Incels. Geschichte, Sprache und Ideologie eines Online-Kults. Mainz 2020.

Lagarde y de los Ríos, Marcela: »El feminicidio, delito contra la humanidad«. In: Cámara de Diputados LIX Legislatura La H. Congreso de Unión (Hrsg.): Feminicidio, justicia y derecho, Mexiko-Stadt 2005, S. 151–164.

Lamb, Christina: Unsere Körper sind euer Schlachtfeld. Frauen, Krieg und Gewalt. München 2020.

LASTESIS: Verbrennt Eure Angst! Frankfurt a. M. 2021.

Loick, Daniel / Thompson, Vanessa E. (Hrsg.): Abolitionismus. Ein Reader. Berlin 2022.

Lorde, Audre: Sister Outsider. München 2021.

Maier, Sabine P. / Lutz, Paulina / Labarta Greven, Nora / Rebmann, Florian: »Wie tödlich ist das Geschlechterverhältnis?«. In: APuZ Femizid, 73. Jahrgang, 14/2023, S. 9–15.

Manne, Kate: Down Girl. Die Logik der Misogynie. Berlin 2019.

Morrison, Toni: »Black Studies Center Public Dialogue, Part 2« (1975). In: Portland State University, Special Collections: Oregon Public Speakers.

Nayeri, Dina: Wem geglaubt wird. Warum die Wahrheit nicht genug ist. Zürich 2023.

Pohl, Rolf: »Sexismus und destruktive Sexualität in männlich dominierten Gesellschaften«. In: Medica Mondiale (Hrsg.), Kein Krieg auf meinem Körper. Fachbeiträge zu sexualisierter Gewalt, Trauma und Gerechtigkeit. Köln 2019.

von Redecker, Eva: Revolution für das Leben. Philosophie der neuen Protestformen. Frankfurt a. M. 2020.

Richarz, Theresa Anna: »The states's hands in our underpants. Rechtliche Regulierung von Reproduktion in Deutschland«. In: Fröhlich, Marie / Schütz, Ronja / Wolf, Katharina, Politiken der Reproduktion, Bielefeld 2022, S. 47–68.

Roig, Emilia: Das Ende der Ehe. Für eine Revolution der Liebe. Berlin 2023.

Sahebi, Gilda: Unser Schwert ist Liebe. Die feministische Revolte im Iran. Frankfurt a. M. 2023.

Saini, Angela: Die Patriarchen. Auf der Suche nach dem Ursprung männlicher Herrschaft. Berlin 2023.

Salzgeber, Joachim: »Zum aktuellen Stand der PAS-Diskussion«. In: Forum Familienrecht, Ausgabe 06/2003.

Schutzbach, Franziska: »Dominante Männlichkeit und neoreaktionäre Weltanschauungen in der Pick-Up-Artist-Szene«. In: Feministische Studien, Band 36 Heft 2/2018, S. 305–321.

Schutzbach, Franziska: Die Erschöpfung der Frauen. München 2021.

Segato, Rita: Femizid. Der Frauenkörper als Territorium des Krieges. Münster 2022.

Singelnstein, Tobias: Diskurs und Kriminalität. Außergesetzliche Anwendungsregeln als diskursive Praktiken im Wechselverhältnis zwischen Kriminalisierungsdiskursen und Strafrechtsanwendung. Berlin 2009.

Smith, Joan: Homegrown: How Domestic Violence Turns Men Into Terrorists. New York 2019.

Stokowski, Margarete: Die letzten Tage des Patriarchats. Hamburg 2018.

Taschinski, Stefanie / Russo, Andrea / Below, Christin-Marie / Abedi, Isabel / Braun, Anastasia: Psst! Gute und schlechte Geheimnisse. Hamburg 2022.

Theweleit, Klaus: Das Lachen der Täter: Breivik u. a. Psychogramm der Tötungslust. Salzburg/Wien 2015.

Zakaria, Rafia: Against White Feminism. Wie weißer Feminismus Gleichberechtigung verhindert. Berlin 2022.

Zinsmeister, Julia: »Häusliche Gewalt gegen Frauen mit Behinderungen und/oder durch Täter mit Behinderungen: Rechtsschutzlücken schließen!«. In: »Frauen streiten für Ihr Recht e. V.« (Hrsg.), Streit. Feministische Rechtszeitschrift, 41. Jg. Heft 1/2023.

CHRISTINA CLEMM, geboren 1967, ist Rechtsanwältin und Fachanwältin für Straf- und Familienrecht in Berlin. Seit fast dreißig Jahren vertritt sie Opfer geschlechtsbezogener, sexualisierter, rassistisch motivierter, rechtsextremer, LSBTI*-feindlicher, antisemitischer oder ansonsten menschenverachtender Gewalt. Christina Clemm ist eine der Anhörungsbeauftragten der Unabhängigen Kommission zur Aufarbeitung sexuellen Kindesmissbrauchs und berät unterschiedliche Organisationen zur Prävention und Aufarbeitung geschlechtsbezogener Gewalt. Zuletzt erschien von ihr das Buch *Akteneinsicht – Geschichten von Frauen und Gewalt* (2020).